LE JARDIN DE L'AQUARIOPHILE

TOUT SAVOIR SUR L'AQUASCAPING POUR DÉCORER SON AQUARIUM

L'art de l'aquascaping

Introduction

L'aquascaping est un sous-domaine de l'aquariophilie, qui se développe depuis les années 2000 environ. C'est un art récent, qui privilégie l'esthétique de l'aquarium à l'aide de merveilleuses plantes ou encore à l'aide de roches, de racines , de bois. Tout cela permet la création d'écosystèmes entiers.
Il est ainsi possible de recréer végétalement le cours d'une rivière sauvage de l'Australie ou un lac européen par exemple. Selon vos goûts et vos préférences. Optez pour le paysage que vous aimez. Le paysage qui vous attire.

Phénomène nouveau pour la France qui, jusque-là, pensait que l'aquariophilie n'était simplement que l'élevage de poissons. L'Aquascaping se démocratise et bien savoir organiser ses plantes, ou encore bien savoir les tailler, fait maintenant partie de la tâche des aquariophiles.

C'est en Hollande que cet art a été pratiqué pour la première fois. Des personnes maintenant connues comme Takashi Amano ont voulu privilégier l'aspect décoratif d'un aquarium. Ce dernier a étudié le végétal en milieu fermé et fait de nombreuses découvertes notamment sur le CO_2 et le matériel que l'on peut utiliser en aquascaping.

Depuis, cultiver ses plantes en aquarium est devenu la passion de beaucoup. La technologie et l'expérience des pionniers permettent maintenant de faire pratiquer les plus novices dans le domaine. Cependant, la matière principale de cet art reste le savoir. Vous pouvez en apprendre davantage dans ce livre, en animalerie ou encore auprès d'experts. De nombreuses personnes amateurs, experts, ou passionnés sont prêts à vous aider et à répondre à toutes vos éventuelles questions. Accumuler du savoir sur les plantes ou les méthodes de prolifération de celles-ci, ou encore de l'arrangement des pierres, est primordial pour construire de beaux aquariums . C'est dans cet objectif que ce livre vous est proposé.
À la fin de ce livre, vous serez capable de développer beaucoup de paysages dans le style d'aquarium que vous désirez.

Il vous suffira d'un aquarium et de quelques bonnes idées pour commencer à établir votre plan d'action. Vous voulez vous aussi apprendre l'aquariophilie & l'aquascaping ? Ce n'est pas très complexe,
Jardinez dans un volume d'eau est facile, mais il est important d'accumuler une bonne base de connaissances avant de se lancer dans l'aventure. Ce livre numérique vous fournira les bons termes techniques, les méthodes, ainsi que des fiches explicatives sur les plantes et poissons les plus utilisés dans le milieu. Nous verrons aussi les différents styles d'aquariums, leurs origines et leurs conceptions. Avec des études de cas détaillées.
L'aquascaping est un univers passionnant qui relie connaissance et créativité. Eau chaude, eau froide, grand, petit... Il n'existe pas de prérequis en matière de connaissance pour se lancer ni même pour imaginer et créer de nouveaux espaces. Avec un peu de patience, vous pourrez mettre en œuvre de magnifiques paysages, et même reconstituer des formations rocheuses existantes.

Dans cet ouvrage, vous aurez aussi accès à des méthodes de culture des plantes. Des conseils et astuces sur la disposition de votre décor, et bien plus encore comme la sélection de poissons utiles qui participent à la richesse de l'écosystème (voir sommaire), L'entretien de votre aquarium et des plantes qui le composent.
Le livre vous propose également une pédagogie qui explique pas à pas les notions, pour aider même les plus novices. Un dictionnaire sera mis en place à la fin de l'ouvrage. N'hésitez pas à aller le consulter.

Tout de suite et sans plus attendre, lançons-nous dans cette magnifique aventure en pleine nature. Soit L'aquascaping !

Sommaire

L'aquascaping Général : Bienfait de l'art

Les aquariums ont fasciné le public depuis leurs créations. Ils réussissent à créer une intrigue chez le spectateur. Selon les bacs, l'émotion dégagée à la vue des poissons et des plantes n'est jamais la même. Cependant, un seul point commun, L'émotion ressentie est positive.

En effet, il suffit de regarder un aquarium quelques secondes pour comprendre qu'en fait, vous pourrez rester à regarder ce même aquarium pendant beaucoup plus de temps, sans vous ennuyer pour autant. Regarder des plantes et des poissons dans un espace de verdure crée un sentiment de bien-être et diminue le stress.

Les aquariums ont des "propriétés relaxantes" considèrent plusieurs études récentes, notamment effectuées par les Anglais. C'est pour cela que vous retrouvez souvent des aquariums dans les salles d'attente du domaine médical. Ces études ont prouvé que les aquariums permettent, grâce au bien-être procuré, de baisser la pression artérielle et le rythme cardiaque. D'où une utilité certaine dans les situations stressantes comme les salles d'attente.

Bien au-delà de la santé, l'aquarium est apprécié pour sa nature. De nos jours, vivre dans une grande ville nous fait parfois oublier l'aspect naturel, calme et magnifique de la Terre. Les aquariums sont là pour nous rappeler ces aspects. C'est pour cela qu'un petit bout de nature dans un appartement ou même une maison est importante à titre moral. De même qu'il sert à sensibiliser les jeunes et les moins jeunes sur la situation alarmante du réchauffement climatique.

L'aquarium a donc des bienfaits physiques et moraux. Grâce à ses propriétés relaxantes. Je vous invite maintenant à regarder votre aquarium pendant quelques instants, pour justifier tous mes propos. Pour vous rendre compte à quel point cet univers est passionnant, observez les animaux, les plantes, les mouvements de chacun et la symbiose de cet écosystème. La nature est magnifique. Mais nous pouvons aller plus loin, nous pouvons encourager cet écosystème et créer de vraies conditions naturelles. C'est ce que nous allons voir dans cet ouvrage, avec bien d'autres choses...

L'aquascaping Général : Définition et limites

Avant d'aller plus loin, il s'avère nécessaire de définir nos deux premiers termes techniques dans ce livre. Les termes : Aquariophilie et Aquascaping, ainsi que leurs limites respectives.

L'aquariophilie désigne un domaine général qui comprend la création d'un aquarium, la mise en place des poissons, leurs élevages, les conditions de maintien en vie de ceux-ci. Et la restitution d'un décor au sein de l'aquarium (dit "aquascaping" si la mise en place du décor est naturelle et organique)
Les aquariophiles désignent ceux qui aiment et pratiquent l'aquariophilie. Ou dans un sens plus commun, Les propriétaires d'aquarium puisque tous les propriétaires d'aquarium doivent effectuer des tâches d'aquariophilie

Comme dit à l'introduction, L'Aquascaping est un sous-domaine de l'aquariophilie.
L'Aquascaping est l'art de recréer des paysages au sein d'un aquarium. C'est l'art de jardiner en environnement aquatique. Afin de créer ou recréer un écosystème, de réaliser un biotope déjà existant avec la faune et la flore d'une région par exemple.

Vous l'aurez remarqué, je parle de l'aquascaping comme un art, pourquoi ?

L'aquascaping est un domaine où tout est possible, au-delà de la méthode à appliquer pour avoir de beaux résultats. C'est l'imagination et la créativité qui semble le plus important.

Si l'on définit l'art comme étant l'expression et la transmission d'émotions. Alors l'aquascaping est une image parfaite de l'art.

Mais où est la limite de l'aquascaping ?

L'aquascaping permet de faire beaucoup, ce domaine est le seul domaine de l'aquariophilie qui n'a pas de limites grâce à son côté créatif. Au-delà de cet argument. Le point faible de l'Aquascaping réside dans la corrélation entre la taille de l'aquarium et le prix. Sachez-le, plus votre aquarium sera grand, plus il sera dur et cher de l'entretenir. Libre à vous de choisir vos aquariums en fonction de la place disponible, mais aussi en matière de prix. Cependant, nous apprendrons à sélectionner nos plantes, nos décors et nos poissons pour convenir et subvenir à tous les besoins des lecteurs.

L'aquascaping Général : La place de l'aquascaping dans le monde Aquariophile

La place de l'aquascaping dans le monde a évolué. Et chacun a sa vision différente des choses.

Entre 8 et 10% de la population française détient un aquarium. Il y a donc beaucoup d'aquariophilie qui possède des aquariums pour des raisons tout aussi nombreuses.

Chacun a ainsi sa raison qui le pousse à se spécialiser dans une branche de l'aquariophilie.

Cela peut être pour un attachement à l'élevage de poissons. L'évolution des poissons en eau de mer, les crustacés ou les poissons carnivores... Dans ce livre, nous parlerons presque exclusivement du décor des aquariums. Ce qui est une raison tout aussi valable.

La place de l'aquascaping dépend de l'histoire, mais aussi de la personne qui juge cet art.

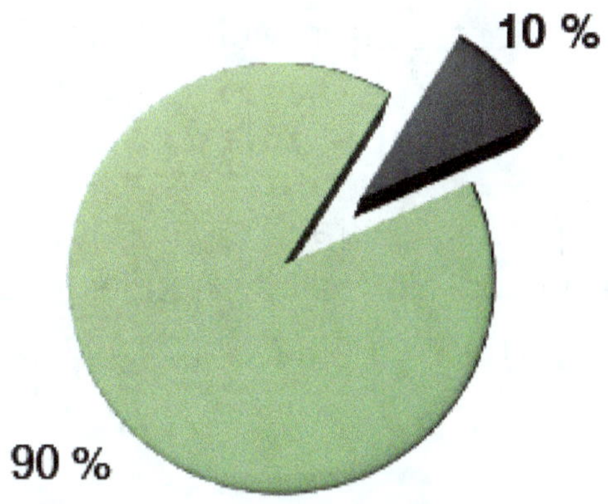

10% de la population detient un aquarium dans le foyer

À propos d'histoire. Notre domaine a su évoluer pour arriver à se démocratiser. Depuis les premiers bacs plantés, les choses ont évolué. Beaucoup de paramètres n'ont fait qu'améliorer la perception et le domaine de l'aquascaping.
Tout d'abord, l'avènement de la compétition. Il existe des compétitions pour récompenser le meilleur aquarium,et beaucoup se mettent au défi. la médiatisation des challenges entre en jeu.
La technologie influe aussi sur la place des aquariums au sein des foyers. L'accès aux lumières LED, mais également Les pompes et filtres qui nettoient désormais à la place des hommes facilitent la tâche aux propriétaires. Les aquariums sont plus accessibles et moins complexes à entretenir.

Mais pourquoi voit ont autant de poissons dans les foyers ? Outre les bienfaits que les aquariums procurent, nous sommes actuellement dans l'ère du DIY. (Do it Yourself). Traduit par " fais le toi-même ".
La population aime le côté créatif des aquariums, et aime par-dessus tous les espaces naturels. C'est pour cela que s'occuper d'un espace vert, vivant, constitue un hobbie parfait.

L'aquascaping Général : Style d'aquarium

Il existe beaucoup de styles d'aquarium, nous allons voir tout cela dans cette section. Nous allons étudier les spécificités de chacun, lesquelles choisir en fonction de vos conditions, selon vos goûts.

L'Aquarium hollandais

L'aquarium hollandais a été imaginé par M. George Farmer.
Nous retrouvons dans ce genre d'aquarium, des belles plantes
à tous les recoins, plantées en rangée ou en groupe. Les
plantes à croissance rapide sont souvent préférées dans ce
type de bac pour éviter la prolifération des algues dans
l'aquarium.

Voici un aquarium hollandais. Nous distinguons bien les
différentes plantes qui le composent. Nous faisons également
la différence entre les premiers plans constitués de petites
plantes, et le fond qui, lui, abrite des plantes plus grandes et
totalement différentes.

Avec L'aquarium hollandais, les plantes sont disposées les unes
à côté des autres. Sans roche, ni bois. Même pas de racine.
Tout cela dans un ordre bien défini pour obtenir un style visuel.
Ce type d'aquarium est en voie de disparition. Bien qu'il soit
sympathique, même dans son pays d'origine. Nous recensons
de moins en moins d'aquarium dans ce style.

L'Aquarium naturel

L'aquarium Naturel, comme son nom l'indique, s'inspire des paysages naturels pour recréer une ambiance. Ainsi, les feuillages et plantes sont disposés pour reproduire la nature, C'est dans ce domaine que nous pouvons recréer un lieu déjà existant. Avec cet aquarium, il est possible de créer de petits arbres, des ruines, des ruisseaux ou encore des forêts.
Cet aquarium fut inventé par Takashi Amano, Célèbre nom de l'aquariophilie.
Dans ce type d'aquarium, beaucoup plus en vogue. La végétation est choisie en fonction de son design pour ce qu'elle apporte au produit fini. Et non pas pour son habitat d'origine.

L'aquarium nature a tendance a utilisé légèrement moins de plantes que les autres aquariums. Au profit de la mousse et des bois/roches. Qui peuvent, eux, former des structures intéressantes dans ce style d'aquariums.
Ce type d'aquarium est plus complexe à produire bien évidemment. Mais cela reste à la portée de tous.

L'Aquarium Iwagumi

L'iwagumi est un style d'aquarium différent, très épuré. Il contient surtout des roches, de la mousse, ainsi que des plantes gazonnantes.

L'iwagumi utilise la *seiryu stone* principalement pour créer des designs 3D originaux.

L'objectif est de tapisser le sol de plantes gazonnantes. Puis de disposer de la roche afin de recréer un relief semblable à une chaîne de montagnes.

Il est possible d'ajouter de fine plantes à tout cela pour obtenir un design plus complet.

L'Aquarium biotope

L'aquarium Biotope vise à reconstruire un milieu naturel. Dans ce type d'aquarium, vous pouvez disposer vos décors et plantes ou vous le souhaitez, dans la densité que vous voulez. Mais attention. Il faudra composer votre aquarium avec des plantes du milieu naturel voulu. Il en est de même pour les roches et racine.

Certains puristes poussent les choses plus loin, il recrée les conditions de l'eau du milieu (PH, température, GH, KH...).

L'avantage de l'aquarium biotope est qu'une fois réalisé, il permet d'accueillir les poissons du milieu choisis

Il est possible de reconstituer des biotopes européens, mais aussi des paysages d'Asie, ou encore des paysages de mangroves.

Pour recréer un biotope, rien de plus simple, renseignez-vous sur l'endroit à reproduire. Quels sont les paramètres de l'eau dans ce milieu ? Les poissons qui y vivent ? Y a-t-il de gros ou de petits cailloux ? La végétation est-elle dense ? Comment celle-ci est-elle disposée ?

Simplement en posant les bonnes questions, vous avez déjà une idée de votre futur aquarium biotope.

Attention, il existe plusieurs représentations d'un même biotope.

Voici quelques exemples !

biotope malawi

biotope Africain

Paysage d'Amérique centrale

L'aquascaping Général : Démarrage d'un aquarium en aquascaping

Nous reprenons ici les bases de l'aquariophilie, si vous n'avez jamais possédé d'aquarium, il y a quelques notions de base à intégrer au démarrage d'un aquarium. Non pas sur les décors, mais sur la façon de procéder pour accueillir des poissons et un écosystème complet.

Avant de mettre vos poissons dans leur nouvel habitat, il va déjà falloir construire l'habitat et configurer le lieu pour accueillir les poissons.

Tout d'abord, établir un cycle de bactéries. En effet, les poissons de nos aquariums vivent en harmonie avec une bonne dose de bactéries, et une eau avec des minéraux très différents en matière de quantités comparées à notre eau du robinet. Il va donc falloir adapter tout cela.

Remplissez votre aquarium d'eau, puis attendez... Au bout de 3 semaines a un mois, le cycle des bactéries s'est installé, l'eau est sans danger pour les poissons, l'aquarium est dit "cyclé ".

Note : Vous pouvez réaliser cette opération plus rapidement avec des produits spécialisés disponibles en animalerie. Ce sont des bactéries qui vont aider a démarrer l'aquarium.

Une fois l'aquarium cyclé, vous pouvez y mettre votre décor et vos poissons.

La suite de ce chapitre traitera sur le démarrage d'un aquarium, en aquascaping cette fois-ci.

La première chose que l'on a à faire, c'est imaginer un décor, peut-être un biotope (selon vos choix et goût...), mais également choisir certains poissons. Ces poissons auront des paramétrages à respecter au niveau de l'eau notamment.

En quoi le décor et le style d'aquarium influent-ils sur l'eau de mon aquarium ?

Absolument tout, l'eau de votre aquarium est fonction des minéraux présents, des plantes, de la roche et de leurs quantités...
Il est donc nécessaire de choisir une roche et plus généralement un décor adapté à vos futurs poissons. Prenons un exemple : Les pierres calcaires que vous intégrerez dans vos aquariums feront grimper le taux de GH et KH, il ne faut pas trop remplir l'aquarium de cette pierre si vous ne souhaitez pas un taux de GH et KH trop haut.
Il n'est pas nécessaire de modifier tous les paramètres de l'eau pour un débutant. Mais il est nécessaire de faire attention en amont, avant la disposition des roches.

Note : *L'eau de pluie fait baisser le GH/KH*

Rappelons ici les différents paramètres de l'eau :

- Température

Le paramètre que tout le monde connaît, la température désigne la hauteur de chaleur de l'eau, elle est à ajuster selon le type de poissons présents dans l'aquarium ainsi que les plantes. Le décor n'aura aucun impact sur ce paramètre.
Vous pourrez influer sur la température en degrés Celsius grâce à un chauffage vendu en animalerie.
Lors des canicules d'été, vous pourrez placer un ventilateur près de la surface de l'eau pour refroidir l'aquarium.

- Le PH

Le PH est l'acidité de l'eau, ce paramètre peut prendre 15 valeurs, de 0 à 14. Une solution qui a un PH entre 0 et 7 sera une solution dite " acide". Si la valeur est comprise entre 7 et 14, la solution sera " alcaline". Le PH 7 représente une solution neutre, ni acide, ni alcaline.

Quelques repères ne sont pas de trop :

  - eau de pluie : PH 7
  - Eau du robinet : PH 8 (a cause de la présence du calcium)
  - Vinaigre : PH 3

Renseignez-vous sur la plage de tolérance des animaux au PH, certaines espèces préfèrent l'eau plus acide, et d'autres préfèrent un PH plus haut. Faites-en de même pour les plantes qui ont, elles aussi, certains besoins.

- Le GH et le KH

Le GH correspond à la dureté de l'eau, ce sont la quantité des ions calcium et magnésium Ca2+ et Mg2+.

Généralement, le GH donne une idée sur la minéralité de l'eau.

Le KH est la dureté carbonatée. Elle correspond à la quantité d'ions hydrogénocarbonates HC03 (ou bicarbonate). Le KH correspond simplement au "pouvoir tampon" de l'eau.

C'est-à-dire, la capacité a empêché la modification du PH. Autrement dit, la résistance aux variations de PH. C'est pour cela qu'il faut généralement baisser le KH avant de modifier le PH.

Pour définir cela plus simplement : Si vos paramètres GH et KH sont bons, votre PH sera plus stable.

Nous reviendrons plus tard sur ces notions, mais retenez ici que les éléments du décors influent sur le paramétrage de l'eau. Toutes les roches ne sont pas adaptées à tous les poissons et a toutes les plantes ! L'espace que vous construisez sera restreint et fermé, il faut avoir de bons paramètres, les espèces qui vivront dans votre espace n'auront pas de porte de sortie.

L'aquascaping Général : Entretien d'un aquarium

Si les aquariums sont magnifiques, ils représentent une somme de travail. Le montage du décor est une chose, mais il faudra ensuite l'entretenir. Il en est de même pour l'eau et les différents filtres.

Nous parlerons ici de l'entretien de l'aquarium pour le matériel, le sol et l'eau. Nous parlerons de l'entretien des plantes dans un autre chapitre dédié.

Comment "entretenir" son eau ?

L'eau est déjà entretenue par des filtres (voir chapitre suivant). Mais cela ne suffit pas, il faudra changer votre eau régulièrement. Environ tous les 15 jours.

Cependant, attention : je vous ai déjà parlé du cycle bactérien. Les poissons ont besoin de l'écosystème de bactéries. Il ne faudra donc jamais changer l'eau dans sa totalité, mais uniquement par tiers. Pour pouvoir conserver un équilibre bactériologique stable et correct pour nos petits poissons et plantes.

Personnellement. Je change un tiers de l'eau tous les 7 jours. Avec un ajout d'un produit pour adapter l'eau du robinet (enlever les minéraux inutiles). Si vous n'utilisez pas de produit d'adaptation, vous pouvez laisser l'eau se reposer pendant une journée avant de l'introduire dans l'aquarium !

Comment entretenir le sol si je ne change jamais l'eau dans son intégralité ?

Suite au paragraphe précédent, une nouvelle problématique se pose alors. Le sol doit être nettoyé sans être retiré, puisque nous laissons toujours ⅔ de l'eau dans l'aquarium. Et il est difficile de retirer le sol avec de l'eau et des poissons au-dessus. Sans compter le fait que retirer un sol implique de retirer son décor... imaginez, C'est beaucoup de travail pour rien.

C'est pour cela que des outils existent pour nettoyer les sols. Ce sont des petits aspirateurs qui vont s'occuper de ce travail fastidieux. Les aspirateurs disposent de batterie où sont branchés sur le secteur, et puisent dans le sol toutes les impuretés.

Ainsi, vous pourrez nettoyer le sol sans vous préoccuper d'enlever toute l'eau, ou pire encore... enlever votre magnifique décor.

Comment entretenir mon matériel (filtre, oxygène, pompe, chauffage, thermomètre...) ?

Pour chaque appareil, comme le filtre ou le dispositif à oxygène. Vous pouvez les démonter dans la plupart des cas, afin de les nettoyer.

Les constructeurs prennent le temps de produire des dispositifs démontables pour que leur nettoyage soit plus rapide.

Nettoyer le tous à l'eau claire, sans utiliser de produit annexe comme le savon ou autres mélanges. Cela pourrait être toxique pour les plantes ou pour vos poissons.

L'aquascaping Général : Enumération des appareils indispensables

- Chauffage

Le chauffage sert exclusivement aux bonnes conditions de vie de la faune présente. Si vous possédez des poissons d'eau froide, ce sera inutile.

- Oxygène

L'oxygène sert également uniquement à la faune, cela permet au poisson de respirer pleinement sans pour autant rester en surface. Les bulleurs apportent un peu plus d'oxygène dans l'eau, ce n'est pas indispensable, mais c'est préférable.

- CO^2

Le CO^2 est utile, mais surtout nécessaire dans le domaine de l'aquascaping puisqu'il accélère la croissance des plantes. Impossible d'évoquer l'aquascaping et les plantes sans le CO^2. Ce dispositif aura son propre chapitre.

- Appareil de filtration

Le filtrage sert à enlever les impuretés de l'aquarium, il sera choisi en fonction de la taille de l'aquarium.
Vous pouvez aussi opter pour des systèmes de filtration externe à l'aquarium. Il vous faudra amener l'eau par un tuyau ou une durite hors de l'aquarium pour que celle-ci soit filtrée, puis ramener l'eau dans son aquarium. Ce genre de système est fréquemment utilisé pour les petits aquariums où les systèmes prennent de la place et ne sont pas esthétiques.

- Éclairage

L'éclairage est nécessaire à la fois pour les plantes qui ont besoin de lumière. pour les poissons (afin de créer un cycle jour-nuit qui aide à gérer leur cycle de repos).
L'éclairage d'un aquarium est aussi indispensable pour le spectateur qui regarde l'aquarium. Un aquarium bien éclairé aura un meilleur impact, tout simplement.

- Aspirateur

L'aspirateur est nécessaire pour aspirer les impuretés piégées dans le sol. Déjà décrit précédemment. Il n'est pas inclus à l'aquarium, mais fait partie des accessoires indispensables.
L'aspirateur est utile, car il permet à l'aquariophile d'éviter un bon nombre de taches fastidieuses.

Des appareils de mesure s'avèrent également très utiles, ils peuvent être extérieurs à l'aquarium. Et servir à mesurer les paramètres généraux tous les 15 jours environ.
Vous pourriez avoir besoin de thermomètre (submersible), mais aussi de bande à PH pour tester l'acidité.
Enfin, des tests pour la détection de nitrites, nitrates, ammoniaque ou chlores seront aussi appréciés.

Si vous êtes plus rigoureux, et ne voulez pas de matériel "consommable", optez pour du matériel électronique non jetable, ces appareils sont plus précis.

L'aquascaping Général : Les outils utiles pour les plantes

Pour donner une meilleure durée de vie à vos plantes, et pour enjoliver votre aquarium, il va falloir entretenir vos plantes. Je vous propose de continuer sur les outils indispensables pour les plantes.

Promis cela ne sera pas long, les outils en aquascaping ne sont pas obligatoires, mais ils aident beaucoup à la plantation, à l'entretien et à la coupe des plantes.

Ces outils sont utiles pour manipuler vos plantes, mais aussi pour niveler les sols, ou faire vos taches d'entretiens. L'avantage de ces outils d'aquascaping sont leurs dimensions. Vous pourrez en bénéficier pour entretenir vos plantes dans de meilleures conditions. Peut-être même sans vous mouiller les mains.

Vous avez besoin de ciseaux afin de couper les plantes gazonnantes, les plantes qui se développent trop vite, et les feuilles nécrosées par exemple. Vous aurez besoin d'une spatule pour manipuler le substrat, éventuellement pour l'aplatir, donner le relief que vous voudrez. Et aussi pour enterrer vos plantations.

Derniers outils dans le classement des plus importants. Une pince qui vous servira à repiquer vos plantes par exemple. Pensez à prendre une gamme d'outils INOXYDABLE, des outils qui ne rouillent pas au contact prolongé avec l'eau.

Certaines marques proposent des outils "droit" et des outils "incurvés". L'idéal est d'avoir un mélange de ces deux types d'outils pour arriver à atteindre tous les recoins de votre aquarium.

Méthode de réalisation d'un décor d'aquarium

Vous avez quelques informations de base concernant les décors, les mesures que l'on effectue dans un aquarium, les types de décors possible, ou encore le matériel que l'on peut utiliser !

Passons maintenant aux techniques de réalisation des décors en aquascaping. Vous allez voir tout au long de cette partie. Les présentations des points-clés de la réussite de l'aquascaping. suivi d'une méthode de réalisation de A à Z. Nous verrons notamment le choix du substrat et de l'éclairage, les étapes d'imagination, d'ébauche. Pour arriver aux règles de conceptions avancées. Tout cela avec des conseils de présentations et de mise en place.

Méthode de réalisation : Choisir son substrat

Le "substrat" est un mot qui nous provient du latin, comme bon nombre de mots dans la langue française. Le préfixe "sub" veut dire "sous". Tandis que "strat" vient de stratum qui se traduit par "couche".

Le substrat est donc une sous-couche. La couche sous les plantes et les feuillages, les herbes. Autrement dit : notre base de culture.

Le substrat joue un rôle majeur dans la culture des plantes et la constitution d'un aquarium même de manière générale. C'est le substrat qui achemine les nutriments jusqu'aux racines des plantes. C'est également le substrat qui maintient les plantes au sol, en place. Et bien sûr, il convient par ailleurs de l'utiliser dans un but purement esthétique.

Dans un aquarium Amazonien, nous voyons par exemple que la couleur du sol joue un rôle dans l'appréciation globale de l'endroit.

Dans la pratique, vous avez plusieurs choix de substrats qui s'offrent à vous. Voyons ensemble tout cela. Choisissez le substrat qui convient le mieux à vos besoins. C'est un des choix les plus importants qu'il faudra faire si vous désirez un bac bien planté et stable dans le temps.

Voici la liste des substrats que vous pouvez donc utiliser. Nous détaillons ici les rôles, avantages et inconvénients de chacun.

- **Substrat nutritif**

Le substrat nutritif a le rôle d'apporter les nutriments aux plantes d'aquarium par le biais des racines. Il est aussi souvent appelé à tort "terreau". Mais dispose d'une tout autre composition. Le sol nutritif que nous implémentons dans nos aquariums ressemble à du sable qui contient beaucoup de minéraux, ce qui est bien mieux pour nos aquariums.
Les sols nutritifs sont à utiliser seuls ou accompagnés.

Quand utiliser le sol nutritif ?

Le sol nutritif est optionnel, mais reste un très bon choix pour des bacs bien plantés. (et donc extrêmement utile en aquascaping, où les plantes sont une pièce maîtresse des aquariums.) Cependant, il est plus utile pour certaines plantes que pour d'autres. Par exemple, ce type de sols aura plus de succès auprès des *Cryptocorynes*, des *Echinodorus*, et les plantes gazonnantes). Parce que ces plantes se nourrissent principalement par les racines.

Retenez : Utiliser ce sol est un très bon choix, surtout en aquascaping, et pour tous les bacs bien plantés, cependant il n'est utile qu'aux plantes se nourrissant par les racines.

Si la plante se nourrit par ses feuilles, ou si la plante n'a pas besoin de sols pour être accueillis au sein d'un aquarium (ex : Fougère de java, cas spécial que nous verrons plus tard dans le chapitre dédié aux plantes). Vous n'aurez alors aucune utilité de ce type de substrats.

Au niveau de la quantité, il ne faut pas en mettre trop sous peine d'avoir une invasion d'algues en raison du nombre de nutriments acheminés par le sol. Ce qui serait contre productif. Le sol sert aussi à filtrer l'eau, il ne doit pas vous envahir d'algues.

Je privilégie ce type de sols lorsque j'ai des plantes difficiles à maintenir au sol.

- **Substrat Décoratif**

C'est un substrat neutre, composé de quartz principalement, il sert comme première couche de décoration. Ce substrat peut être vendu ou obtenu sous forme de sable ou de petits cailloux, ou même en granulés.

Le substrat décoratif par excellence majoritairement utilisé reste le sable de Loire. pour son aspect naturel et utile. Le sable produit des bactéries positives qui filtrent le sol lui-même ainsi que l'eau, plus vous disposez de sable, plus votre aquarium sera filtré naturellement.
Le sable a un aspect utile pour la filtration, mais reste dans la catégorie des substrats décoratifs, car il est utilisé pour couvrir les autres couches de substrats.

N'utilisez que du sable provenant des animaleries ou des magasins, mais ne vous procurez pas de sable en nature. Le prélèvement sur les plages est interdit par la loi et vous expose à de fortes amendes. Mais ce n'est pas la seule raison, les sables que l'on trouve sur nos plages sont toxiques pour nos plantes et nos poissons. Ils contiennent souvent trop de minéraux inutiles à notre écosystème, et augmentent très fortement la dureté de l'eau, en plus du sel qui n'est pas bon. Les animaux ou végétaux que nous détenons sont généralement incompatibles avec la micro-faune française vivant dans le sable (bactéries, micro-organisme...).

Attention au sable ou au quartz, ils sont coupants, attention au poissons fouisseurs et poissons qui vivent au sol comme les poissons rouges et les corydoras...
Attention également aux graviers et sables colorés artificiellement, qui ne sont pas à recommander, les gravillons sont peints et rejettent de la peinture dans l'eau de nos bacs invisible à l'œil nu. Il est de toute façon déconseillée d'utiliser des gravillons de toutes les couleurs que l'on peut voir en animalerie, tout d'abord pour les raisons énoncées plus haut, mais également pour l'effet que l'on obtient, qui n'est pas du tout en accord avec l'aquascaping et la représentation de la nature.

- **Substrat technique**

Les sols techniques sont complexes d'utilisations, comme leurs noms peuvent l'indiquer, ces sols vont provoquer des changements de paramètre dans l'eau (le PH, le GH, et surtout le KH). Nous pouvons en utiliser en aquascaping dans la mesure où un PH entre 6 et 7 est favorable à la bonne pousses des plantes, de manière globale. Le sol technique apporte également des nutriments pour la bonne croissance des végétaux.

Ces sols sont aussi utilisés pour élever différentes espèces de crevettes. Ces sols sont composés essentiellement de tourbe. Les sols techniques ont quelques désavantages, ils sont légers et il est parfois dur de mettre en place certaines plantes. Ils sont par ailleurs non permanents, il faudra les changer tous les deux ans environ.

Mais avec ces petits inconvénients. Ils sont quand même largement préférables pour les bacs d'une exigence plus élevée. Ils sont même très souvent utilisés pour les plantes gazonnantes.

Note : Il est possible d'avoir les avantages de chaque substrat, Procéder par couche différente est une bonne option. Un sol nutritif suivi d'un sol sableux décoratif est un bon compromis pour avoir de bons paramètres et un sol agréable a la vue.

Méthode de réalisation : Choisir son éclairage

L'éclairage est un point important de votre aquarium, surtout pour vos futurs plants et leurs développements. Laissez-moi vous éclairer.

Mais à quoi peut bien servir l'éclairage dans votre aquarium ? La lumière apportée par la lampe est très utile à l'écosystème. C'est la lumière qui va aider à développer vos plantes. Tout comme des plantes terrestres. La luminosité est un facteur majeur dans l'évolution et le bon conditionnement des plantes. Avec la lumière, vos plantes seront touchées.. Mais également vos poissons. Au-delà du fait de mieux pouvoir les admirer. La photosynthèse des plantes dégage du dioxygène, qui sera très favorable aux poissons. Ils pourront ainsi mieux respirer. Et plutôt de manières naturelles.

La photosynthèse ?

La photosynthèse, c'est un processus chimique. Concrètement, c'est la capacité des plantes à synthétiser de la matière organique et de l'ocygène à partir de la lumière.
Les plantes dans votre aquarium vont donc aspirer le CO^2 présent, et le rejeter sous forme d'oxygène utile aux poissons. La chlorophylle est la cause du processus. Un bon nombre de plantes possèdent cette propriété. Qui nous sera bien utile. Voici la transformation chimique concerné :

$$2n\ CO2 + 4n\ H2O + photons \rightarrow 2(CH2O)n + 2n\ O2 + 2n\ H2O.$$

Nous voyons ici que les photons (la lumière) et le $CO2$ sont en entrée de l'équation. En sortie, nous avons O^2, soit de l'oxygène.

C'est la photosynthèse qui est capable de faire "buller" vos plantes. En aquascaping, lorsque les plantes bullent. C'est un très bon présage. Mais sans lumière, pas de réaction chimique.. pas de nutriments indispensables aux poissons...
Comprenez donc que la lumière est indispensable à tout l'écosystème de votre bac. En disposant beaucoup de plantes dans leurs aquariums. Vous arriverez à avoir un bon taux d'oxygène dans l'eau, c'est le début d'un cercle vertueux entre vos poissons et vos plantes.

Exercice pratique : Enlever votre bulleur, si les poissons remontent plus fréquemment à la surface de manière significative. Cela veut dire qu'ils manquent d'oxygène.
Vos plantes ne distribuent pas assez d'oxygène, Dans le cas contraire : l'oxygène est bien réparti dans l'aquarium.

L'éclairage est une bonne chose, mais il faut savoir l'utiliser à bon escient. La quantité de lumière en watt doit être calculée. Afin de disposer d'une bonne visibilité sur vos poissons. Mais également pour s'assurer que vos lumières ne seront ni trop faibles, ni trop fortes. Cela pourrait empiéter sur la croissance des plantes, ou favoriser le développement d'algues dans le cas contraire

L'éclairage doit être proportionnel à vos plantes et surtout au volume d'eau du bac. Il vous faudra 1 watt de lumière pour 2 litres d'eau. Ainsi, si vous possédez un aquarium de 50 litres, il vous faudra une puissance de 100 watts pour parvenir aux besoins naturels des plantes. Il faut s'approcher de la valeur ½ le plus possible. En cas de déficit de lumière, la croissance de vos plantes sera ralentie. En cas de surplus de luminosité, des algues risquent d'envahir l'aquarium.

Rappel Général : Éviter la lumière naturelle sur vos aquariums, la lumière naturelle verdit l'aquarium de différentes algues et matière indésirable.

Vous avez à votre disposition, plusieurs types d'éclairages. Un bon nombre d'aquariums sont encore éclairés avec des néons. Mais tout cela est peu à peu remplacé par l'éclairage LED. Quoi qu'il en soit, les systèmes d'éclairages sont à changer en moyenne tous les 2 ans pour éviter tout problème (baisse d'intensité, LED et ampoule endommagée…)
Notez également que nous travaillons avec un système électrique dans un environnement très humide, voire proche d'un environnement aquatique. Prenez donc vos précautions et pensez à l'étanchéité de vos systèmes et câbles électriques. Les bricolages et autres objets DIY concernant les systèmes d'éclairages sont déconseillés.

Mais comment atteindre une photosynthèse parfaite ?
La durée de la luminosité totale par jour minimale est de 10 à 12 heures d'éclairage. C'est la durée minimum pour que vos plantes absorbent le CO_2 et le rejettent en oxygène efficacement.
En réalité, il faut imiter la nature et son cycle jour-nuit. Évitez aussi les sources de lumière externe pendant la nuit, Que cela soit les veilleuses dans l'aquarium ou les objets lumineux dans la pièce. Cela peut nuire à vos plantes en raison du déséquilibre des cycles jour-nuit.

Méthode de réalisation : L'arrière-plan

L'arrière-plan joue un rôle dans l'appréciation générale de votre aquarium. Le spectateur qui découvre votre aquarium va devoir le situer dans son contexte. Or, si celui-ci est mal éclairé ou pas mis en valeur. L'appréciation de votre aquarium risque de diminuer. Malgré les efforts que vous aurez fourni à dessiner un beau paysage.

L'arrière-plan est important dans le sens où il faut que l'aquarium reste un coin de nature différent. Différents de tout ce que l'on peut voir dans la pièce. C'est pourquoi regarder un aquarium avec le mur au fond est moins majestueux. Choisissez un fond en adéquation du design général, du milieu dans lequel votre écosystème se trouve.
A défaut de trouver un fond pour votre aquarium, évitez de poser votre aquarium juste devant un mur, optez pour un fond uni, de préférence noire.

Méthode de réalisation : Le hardscape

Le hardscape est la partie qui présente l'architecture du bassin dans lequel votre écosystème va évoluer. Le hardscape sera la seule partie de votre écosystème qui n'évoluera pas (pas de changement bactériologique, pas de mouvement...).
Vous l'aurez peut-être compris : Le hardscape est la partie rocheuse et boisée de votre aquarium.
Globalement, c'est la première pièce de l'édifice technique. C'est la chose que nous, aquascapers, construisons en premier, bien avant la pose des plantes et des poissons.
L'architecture sera éditée en premier, votre écosystème plantes/poissons viendra ensuite (et seulement après) se greffer sur le hardscape.

Le hardscape peut contenir uniquement du bois, des roches, ou un mélange des deux, tout est possible. Le but étant de dessiner la structure le plus intelligemment possible. Au-delà du design général. Beaucoup d'aquascapeurs trouvent une utilité aux roches et au bois. Comme par exemple laisser un espace vide caché pour mettre en place l'oxygène. Ou encore utiliser la roche pour cacher les appareils à diffusion CO^2.
Votre design doit être beau et utile. Il doit être pensé au préalable.
Il existe plusieurs types de roches, et plusieurs variétés de bois. En voici quelques exemples.

Seiryu stone - Sansui Stone - KokeStone - MoreWood

Talawa Wood - Red MoreWood - Dragon Stone Ohko

Chaque type de hardscape possède ses formes particulières, son utilisation. Ainsi que ses avantages ou désavantages. A vous de choisir. Vous n'avez pas besoin de connaitre le nom des variétés de bois ou de roches par cœur, mais vous devez reconnaitre les variétés qui représentent votre objectif, selon la composition que vous voulez accomplir.

Utilisation de la seiryu Stone

Méthode de réalisation : Imaginer, dessiner

Vous avez choisi votre bois, vos roches ? Il ne vous reste plus qu'à composer votre décors, il vous faudra un peu d'imagination, c'est facile !

Plusieurs question à se poser : Comment sera disposé votre aquarium ? Quel concept met-il en avant ? Quel Roche pour quel effet visuel ?

Le point-clé pour un aquarium réussi. C'est de ne pas se lancer dans l'aventure directement. Mais de prendre son temps pour élaborer la chose. Élaborer un projet.

Avec un projet bien réfléchi, rien ne sera difficile. Pour vous aider à imaginer votre aquarium. Vous pouvez aussi le dessiner, précisément ou dans les grandes lignes.

Vous pouvez vous inspirer des images présentes sur le web, et éventuellement combiner les concepts de plusieurs aquariums.

Méthode de réalisation : Installation du sol et hardscape

La première chose à faire après avoir imaginé son aquarium et sélectionner ses composants. C'est d'installer le sol. Selon votre besoin : Disposer le sol dans l'aquarium. Vous pouvez créer des différences de niveau volontairement.

Pour un sol plat, l'idéal est d'avoir environ 10 cm. Vous pouvez mélanger les couches et les substrats pour créer différents effets également.

- Le fond de l'aquarium possède plus de substrat, pour y planter les plantes les plus massives, mais aussi pour donner un effet de profondeur.

Après la pose du/des substrats, C'est au tour du hardscape d'être posé. Pour cela : Disposez en premier les matériaux dominants. Si votre choix de hardscape se compose de bois et de roches. Commencer par les éléments qui seront le plus présent dans l'aquarium.
Ce choix se porte souvent sur la roche, dû à sa solidité.

Disposez ensuite vos matériaux, selon votre plan initial. Notez qu'il est important de laisser des espaces vides parmi les espaces peuplés (Une notion tirée du design).

Assurez-vous que les éléments de base soient bien ancrés dans le sol, il ne s'agit pas de faire un de château de carte, surtout lorsque du vivant vit à l'intérieur.

Pour l'instant : Nous avons mis notre substrat dans l'aquarium, et nous avons inséré les roches et/ou les bois selon le plan initial. Jusque-là, tout va bien !

Il est important d'avoir une vision globale du projet pour chaque étape, afin de ne rien oublier, de laisser de la place aux étape suivante. Maintenant, nous allons mettre des plantes !

Méthode de réalisation : Plantez tout !

Après le hardscape, il s'agit de mettre en place toutes vos plantes. Généralement les plantes sont à planter avec une pince spécifique (voir le chapitre dédié aux outils).

Vous devez enlever la laine de roche présente sur les racines si votre plantes a été venu ainsi.

Disposez vos plantes selon les indications précises pour un meilleur rendu. Par exemple : La *cryptocoryne wendtii green* se disposent en premier plan. En revanche, les plantes plus grandes et plus envahissantes se disposent à l'arrière pour tapisser le tout.
Pour les plantes gazonnantes, disposez des plants tous les 5 cm environ. Si vous possédez ces gazonnantes sous forme de graine, il est alors conseillé de les planter avant la mise en eau (la mise en eau se fait à la fin de la plantation de manière générale, sauf en cas d'aquarium avec un gros volume de plantes).

Les graines forment d'abord une gélatine puis commencent à germer, ne pas s'inquiéter sur ce passage. Référez-vous à l'emballage de chaque produit pour connaître ses besoins en matière de température, de luminosité, ou encore de PH.

Si les graines sont trop fragiles, il faudra attendre avant la mise en eau, et faire pousser les gazonnantes avec un taux d'hygrométrie très élevé (fermer l'aquarium pour l'étanchéité, et vaporiser régulièrement le milieu).

Méthode de réalisation : Règle de conception basique

Pour réaliser de grands aquariums tels que nous pouvons en observer dans ce livre. Il vous faudra beaucoup de pratique et des notions théoriques. Je suis là pour vous apporter les rudiments de la théorie sur l'aquascaping. Mais vous devrez forger votre expérience pratique au sein de ce domaine pour construire des aquariums plus poussés. C'est pourquoi je vous conseille dans un premier temps de vous attaquer à des réalisations simples.

Soyez créatifs, mais pas trop ambitieux, vous pouvez parfaitement dessiner de beaux paysages qui ne demandent pas trop de technique. Ne vous inquiétez pas, par la suite et avec l'expérience. Vous serez bientôt capable de beaucoup mieux.

Je peux également vous proposer de partir d'un décor facile, puis faire progresser votre design petit a petit.

Avec mon premier aquarium, j'ai tout d'abord étudié les plantes, leurs bien-être, puis j'ai ensuite commencé à inclure des roches. Il n'y a aucun besoin de précipitation, même si le projet dans sa globalité doit rester réfléchi, cela demande de l'anticipation.

Voici 11 principes à respecter pour avoir de beaux décors

- Cacher dans le décor, dans la mesure du possible, les éléments non naturels tels que les filtres/ chauffages et autres appareils. Pour ce qui est des petits bacs, optez plutôt pour un filtrage externe qui ne prend aucune place dans l'aquarium en lui-même.
- Anticiper le fait que les plantes grossissent après l'achat, prévoir la place en conséquence.
- Évitez les poissons incompatibles

(Fouisseurs, poisson rouge qui mangent les plantes)

- En tant que débutant : Respecter les consignes de position des plantes

(Arrières plans / milieu / Premier plan) pour avoir un rendu plus homogène

- Utiliser des poissons utiles à l'écosystème (crevette, escargot) afin de stabiliser le sol et limiter le risque d'algues.
- Accorder de l'importance aux proportions : Ne pas avoir d'éléments du décor trop grand pour un petit espace. Pour les grands aquariums, il faudra éviter de constituer le décors uniquement avec des petites pièces
- Surveiller très régulièrement les paramètres, ainsi que le CO_2.
- Ancrer bien vos éléments de décor : Éviter les ponts en pierre non ajustée et de manière générale, les éléments empilés, mal équilibrés. Votre aquarium ne doit pas subir les décors, c'est votre décor qui est solidement attaché. Celui-ci doit s'ancrer petit à petit dans la biomasse et le sol.
- Pour les petits aquariums, disposez des plantes à feuillage fin pour donner l'illusion d'un espace plus grand
- Éviter de mettre trop d'éléments différents dans un hardscape. L'espace doit paraître totalement naturel.
- Utiliser des plantes dites " à tige" pour dessiner l'architecture globale végétale.

Ces principes de conception vous garantissent les bonnes manières pour planifier un projet d'aquascaping.

Note : Lors d'une séance d'organisation de l'aquarium. Vous pouvez garder à côté de vous quelques photos de bacs qui vous inspirent.

Méthode de réalisation : Règles de conception avancée

Une fois que vous aurez acquis certaines habitudes, un certain regard sur les choses. Il sera plus facile de déceler les erreurs. Bien qu'aucune erreur ne soit possible puisque nous sommes dans le domaine de l'art. Vous apprendrez par l'expérience quels sont vos goûts, et l'émotion que dégage l'aquarium. Comme dans le domaine de l'art également, vous pouvez juger votre aquarium à partir d'autres œuvres. Ou en attachant votre critique à un style de bacs particulier.

Je vous présente dès maintenant ces conseils, des règles de conceptions plus avancées.

- N'hésitez pas à tester votre hardscape avant la mise en eau… des dizaines de fois. Souvent, le premier jet n'est pas le meilleur en aquascaping. C'est avec le temps que nous remarquons la précision d'un décor. Vous pouvez créer un hardscape… le mettre à l'épreuve de vos yeux pendant 1 journée… puis tester un autre arrangement le lendemain. Vous pourrez voir quelle est la meilleure solution pour vous.
- Éviter d'avoir des décors trop symétriques. pour ne pas surcharger l'attention. Laisser se balader le regard du spectateur.

- Chaque point important du décor ne doit pas être caché par un élément plus grand. Malgré cela, il faut éviter les rangements des éléments du plus petit au plus grand. Tout cela pour garder une cohérence naturelle.
- Regrouper les plantes selon leurs espèces pour créer une harmonie générale
- Ne pas mettre trop d'espèces de plantes. Préférez un choix de variété limité, mais en grand nombre.

Il vaudra mieux avoir 3 exemplaires de *cryptocoryne*. plutôt que 1 pied de *cryptocoryne* + 1 pied d'*anubias* + 1 pied d'autre chose + ... (Je pense que vous avez compris).

- Vous pouvez fixer des plantes dans un autre milieu que le sol. Souvent oubliés, il existe des plantes qui poussent sur le décor comme de la mousse de java. Vous pouvez aussi utiliser de la fougère de java, ou encore des plantes qui vivent à la surface de votre espace aquatique. Ces dernières ajoutent du style dans le milieu et donnent naissance à une nature plus authentique.
- Faire converger le décor sur un point focal, comme une roche, ou une branche.
- Surveiller l'accessibilité à la lumière des plantes, certaines plantes peuvent proliférer et couper l'accès de luminosité aux autres plantes présentes.
- Le point focal peut s'établir de manière scientifique. Tout comme à la peinture, nous utilisons le nombre d'or. Divisez la longueur de votre aquarium par 2,618. Vous obtiendrez un ratio.

Exemple : mon aquarium mesure 100 cm de long. 100/2,618 = 38,1. Votre point focal se situe donc à 38,1 cm à partir du bord gauche de votre aquarium : Faites converger votre décor sur ce point, cela sera agréable à la vue.

Méthode de réalisation : de beau paysage (Réels ou irréels)

Nous abordons ici la question de la réalité d'un paysage. Il n'y a aucune limite technique à la création. Et tous les aspects doivent être explorés. Imaginons des décors réels… Et d'autres imaginaires.
En dehors de l'aquarium biotope qui reconstitue un milieu naturel réel. Je parle dans ce chapitre de ce qu'il est possible d'aborder au niveau structurel : Le hardscape.

Des décors réels sont souvent représentés à l'effigie de monuments ou de lieux appréciés des aquascapeurs. Souvent, l'espace choisi et présenté dans l'aquarium évoque une sensation ou un rapport à l'histoire, ou la vie du réalisateur de l'aquarium…

Ces décors n'ont pas forcément une ressemblance proche de la vraie vie. Ils peuvent être inspirés ou totalement reconstruits jusqu'aux plus petits détails.

Si certains constituent des aquariums provenant de décors naturels réels (Montagne, altitude... arbres...).

D'autres se montrent plus imaginatifs et construisent des paysages complètement irréels. Les auteurs de ce genre d'aquarium arrivent à pousser la nature à ses limites, dans le sens où nous sentons un aspect naturel, mais qui représente un paysage inexistant, voire lointain.

Ce type d'aquarium qui propose un élément du décor flottant est un bel exemple. Ce type d'aquascaping nous éloigne de la nature, mais accroît sa possibilité d'évolution.

Note : Le paysage est irréel, hors de la nature... Mais garde un aspect très naturel. C'est une philosophie que vous pouvez adopter. Un aquarium peut être irréel et naturel en même temps.

Les plantes

La troisième partie de ce livre traite des plantes et de leurs maintenances en aquarium. Voyons ensemble leurs cultures et les informations à savoir afin d'avoir la main verte.

Note : pour cultiver des plantes aquarium, vous n'avez besoin d'aucune notion et pratique en culture de plantes terrestres.

Les plantes : Difficulté & Condition

Chaque plante a ses besoins, chaque espèce a ses demandes particulières en matière d'exposition à la lumière, de température ou du PH/GH/KH. C'est à l'aquariophile de fournir les bonnes conditions au plantes, et non pas à celui-ci de demander à la plante de bien se tenir.
Comprenez, redécouvrez vos plantes et vous serez en mesure de bien les développer.

Les plantes que vous achetez ont des notations sur leurs emballages. Vous trouverez ici toutes les informations sur les besoins de votre plante. Si vous avez perdu un emballage (Problème courant). Vous pouvez tout de même aller sur internet vous renseigner sur les conditions de maintien de votre plante. Essayez de renseigner les noms latins des espèces, ceux-ci sont plus précis et aide à mieux caractériser la plante face à plusieurs centaines d'autres noms. Parfois, une famille de plantes regroupe plusieurs centaines de spécimens avec des noms différents.

Sachez également que 80% des plantes que nous achetons à destination de nos aquariums ne sont pas totalement immergés à l'état naturel. Elles vivent principalement sur les littoraux et les bords de lacs, les milieux marécageux. Elles ont souvent les racines dans l'eau et les feuilles à l'air libre. C'est pour cela que beaucoup de plantes achetées en animalerie servent tout aussi bien dans la décoration d'un terrarium. Tant que l'apport en eau est présent ou que l'humidité est supérieur a 85%, la plante n'a pas le besoin d'être entièrement immergée. C'est une question à traiter cas par cas, selon les plantes et leurs tolérances !

Bien sûr, il faudra se renseigner au préalable avant d'acheter une plante. Comme pour les poissons, il y a des incompatibilités. Si vous choisissez une eau ou une faune avec une eau dure, toutes les espèces de plantes ne vont pas y survivre.

Vous pouvez sélectionner les plantes en fonction de leurs biotopes, les plantes qui se recensent dans une même zone géographique sont souvent proches en matière de besoins. C'est là que l'aquarium biotope devient une facilité dans le choix des espèces végétales.

Les végétaux qui ornent nos aquariums sont aussi sujets aux maladies...
Voici quelques maladies courantes dans les aquariums et des recommandations associés.

- ## Le pourrissement des racines

Souvent, lorsque le pourrissement des racines est déjà enclenché, votre plante est dans un état critique. Vos racines ne sont pas assez aérées, cela est dû à un mauvais choix du sol généralement, mais ce symptôme peut intervenir même en de bonnes conditions.

Pour régler le problème, s'il n'est pas trop tard, vous pouvez essayer de moins tassez le sol, ou de l'aérer de façon manuelle à l'aide de fourchette ou de pince.

Le pourrissement des racines est visible lorsque les racines remontent à la surface et sont dans un mauvais état. Tout cela est en fait la conséquence de bactérie anaérobie.

- ## Parasite & algue

Les algues sont l'ennemi numéro un de l'aquariophilie. Les algues ne sont pas esthétiques. Elles peuvent notamment étouffer vos feuilles qui vont finir par mourir. Afin d'éradiquer les algues, je vous invite à identifier l'espèce d'algues en cours de développement, puis de traiter à l'aide de produits spécialisés. Vous pouvez également mettre en place une meilleure filtration ou disposer de plus nombreuses plantes pour éviter les nitrates et l'apparition des algues.

Les poissons peuvent aussi apporter des parasites, comme les plantes. A l'achat, des spécimens présentent parfois des petites larves, escargots ou champignons. Il faudra alors traiter la plante, la stériliser avant la mise en place dans l'eau.

- ## Vitrification

Les feuilles peuvent présenter quelques trous plus ou moins larges, Ces vitrifications sont ponctuelles et apparaissent indépendamment des circonstances. Il n'y a rien à faire avec ce type de maladie.

- **Chlorose calcique**

Cette maladie provoque le jaunissement des feuilles.
Essentiellement dû à l'excès de calcium au sein de
l'environnement qui empêche l'assimilation du fer. Pour pallier
ce problème, veillez à surveiller vos paramètres GH et KH.

Le calcium est un minéral, et peut aussi être détecté a l'aide
d'une mesure de conductivité.

———————————

Pour éviter d'autres désagréments, vous pouvez traiter et
stériliser les plantes. Parce que des parasites et des petits
escargots sont fréquemment présents lorsque vous achetez
des plantes en boutique.
Vous pouvez utiliser de l'eau de javel diluée dans de l'eau (Javel
à hauteur de 5%) et faire prendre un bain à vos plantes. Faites
cela pendant 45-50 secondes, ne dépassez pas une minute,
cela pourrait devenir dangereux pour la plante. Si du vivant se
trouve à l'intérieur de l'aquarium, il faudra sortir la plante de
celui-ci avant la manœuvre, et pratiquer une mise en
quarantaine.

Les plantes : Installation en paysage

Il est temps de sortir votre grande pince, outil indispensable du paysagiste aquatique.
Pour planter vos végétaux. Il vous suffira de pincer la base de la plante, dans les racines. pour aller enfoncer le végétal sous le substrat.

A quel hauteur dois-je enfoncer la plante dans le sol ?
Tous les végétaux ont des démarcations de couleur entre la partie recouverte du substrat et la partie externe. Observez donc le changement de couleurs de la plante et enfoncez donc la plante jusqu'au changement de couleurs.

Dans le processus de plantation, veillez également à bien enfoncer toutes les racines, et à ne pas les abîmer, les racines sont importantes pour la bonne alimentation de la plupart des espèces, ainsi que pour leurs maintiens au sol. Vous pouvez faire un petit trou dans le substrat avant d'y insérer la plante, puis rééquilibrer le niveau du sol après avoir mis les racines.

Note :Les plantes gazonnantes doivent être installées dans le paysage dans l'objectif de recouvrir le substrat, imposer une autre couleur plus végétale.

De règle générale, l'installation des plantes doit se faire dans la plus grande délicatesse possible, les plantes sont très fragiles au niveau des racines. Procédez donc avec patience et parcimonie.

Les plantes : Les variétés de plante

Pour peupler votre bac, plusieurs choix s'offrent à vous. Vous avez différentes variétés de plantes, chacune possède sa petite différence.
Je préconise de sélectionner en amont le style de plante à mettre dans son bac. Et de mettre au moins 2 catégories de plantes dans les genre ci-dessous :

- à tige
- à rosette
- gazonnante
- Les plantes flottantes
- mousse
- Les plantes sans substrat

Voici un exemple pour chaque catégorie de plante.

L'Hygrophilia, plante à tige

Les plantes à tige sont des plantes constituées de tige, comme le nom l'indique explicitement. Les feuilles et fleurs sont concentrées sur la tige. Ces plantes sont les plus hautes

Ces plantes sont utilisées pour créer la structure végétale du bac à cause de leurs aspects imposants.

Plante à rosette

Les *cryptocorynes*, l'*Echinodorus*, ou encore la *Vallisneria sagittaria* sont des plantes à rosettes, qui proposent des groupes de feuille en formation serrés.

Plante gazonnante

Ces plantes comme l'*Hemianthus Callitrichoides* tapissent votre sol pour un aspect vert garanti, il existe des formes de petits trèfles, ou encore des formes de brin comme de l'herbe.

Les gazonnantes sont très largement utilisées en aquascaping, mais elles peuvent parfois êtres complexes dans la pratique, car leurs racines sont petites et elles sont fragiles. Elles donnent cependant des designs merveilleux !

Plante flottante

Les plantes flottantes comme la *Lemna Minor* sont utiles pour leurs croissance rapide et l'ombre qu'elles peuvent apporter. Elles contribuent à diminuer les nitrite dans les aquariums.

Les mousses

Enfin, vous pouvez également insérer dans votre bac des plantes qui poussent et se développent sans substrat.

C'est le cas de la fougère de java. Ce type de plante permet l'ornement du hardscape. Vous pourrez agrémenter vos branches et autres roches de vert pour cacher les imperfections. Ou tout simplement parfaire votre décor.

Note : La mousse de java et la fougère de java proviennent d'une île portant le même nom en Indonésie. Cette île possède un climat et des conditions favorables à ces plantes uniques. Cette plante est endémique de l'ile de java.

La *riccia fluitans*, une autre mousse très utilisé dans la composition des décors.

Les plantes : L'entretien de vos plantes

Planter et regarder n'est pas la seule chose à faire lorsque l'on veut obtenir un beau paysage. Les aquascapeurs ont des tâches régulières de maintien. Les plantes se développent parfois très vite, il est souvent indispensable d'agir pour garder le design voulu.

Le travail réside essentiellement dans la coupe des plantes à tige.

Ce sont les plantes à croissance rapide qui nécessitent un entretien à cause du volume qu'elle occupe. Vous aurez moins de travail sur les plantes à croissance faible comme les mousses.

Couper les végétaux se fait selon la rapidité de la croissance, en général, je fais cette manœuvre tous les 15 jours. Il y a quelques règles à suivre pour couper vos plantes, mais vous obtiendrez vite un certain feeling quant à la décision de coupe, selon votre vision de l'aquarium.

Vous pouvez notamment commencer votre session de coupe par les plantes à tige, afin d'obtenir une bonne structure droite, si elles dépassent de l'eau et s'étendent hors de l'aquarium, vous pourrez alors couper ces tiges.

Ensuite, il faudra tailler toutes les parties nécrosées ou jaunit qui apparaîtront sur toutes vos plantes. Il est mieux de couper une tige à cause de cela plutôt que d'agrandir la surface nécrosée.

Si couper vos plantes nécrosées ou jaunit ne suffit pas à restaurer vos plantes, vous pouvez couper en amont les plantes, et ainsi restaurer les parties les plus fragilisées.

Vous devrez également chercher l'accès à la lumière équitable dans votre aquarium. Coupez donc les plantes qui cachent les autres de la lumière.
Enlever quelques plantes flottantes si votre aquarium s'assombrit et ne laisse plus assez de lumière sous la surface.

Pour effectuer une bonne coupe, il faudra agir sur le sens de la créativité dans le sens ou l'aquarium sera façonné par la coupe. Mais par ailleurs, il faut agir de façon consciente et intelligente pour permettre l'évolution de chacune des espèces présentes.

Une fois les plantes taillées, vous pourrez récupérer de nombreuses tiges et autres végétaux.
Ne laissez pas ces coupes partir à la poubelle, elles peuvent servir de bouture et vous sauver la mise en cas de coup dur !

Les boutures peuvent servir lorsqu'une tige est trop abîmée, il est parfois préférable de la remplacer par une bouture plutôt que de procéder à une coupe de la plante.

Note : Ne gardez que les meilleures boutures, vaporiser régulièrement les plantes hors de l'eau pour ne pas nuire à leur mode de vie et à leur santé. Encore mieux : Faites un bac spécifique pour que vos boutures se développent !

Les plantes : Le CO2, un outil fantastique

C'est quoi le CO² ? Pourquoi ?

Comme nous l'avons vu dans le chapitre sur la photosynthèse. Les plantes synthétisent de l'oxygène à l'aide de la lumière et du C0². Les plantes ont donc un besoin en C0².

Bien sûr, il y a déjà du C0² en faible quantité disponible déjà dans l'eau. Mais cette quantité ne permet pas aux plantes de développer leur plein potentiel. Pour aider les plantes à se développer, les aquariophiles utilisent des diffuseurs de C0², qui vont incroyablement booster l'apport en C0² des plantes, ainsi que la vitesse de leurs croissances par la même occasion.

Une fois réglé, le diffuseur de C0² permet une diffusion du gaz en automatique.

Attention tout de même, ce dispositif de CO2 peut être dangereux pour le vivant à haute dose, il convient de l'utiliser correctement, selon votre volume et les préconisation de chaque fabricant de dispositif. (15 bulles par minute pour un 150L généralement, mais cela varie selon les appareils). Le CO2 s'achète dans des bouteilles, il faut aussi maintenir ces bouteilles correctement puisqu'elles sont sous pression !

Vous l'avez remarqué, le dispositif complet avec des bouteilles, manomètres, diffuseurs est peut-être un peu trop dimensionné pour les petites installations et les petits budgets, Rassurez-vous, il existe aussi du C02 sous forme liquide, c'est moins onéreux et plus pratique à mettre en place pour les débutants.

La dose en liquide est de 2.5 ml pour 20L d'eau, toutes les semaines. Mais cela dépend de la marque que vous choisissez et de la concentration en principe actif du produit.

Que votre diffusion de CO_2 soit par une diffusion mécanique ou chimique, le CO_2 est un élément indispensable à la bonne croissance des plantes, à un point que l'on ne peut parler d'aquascaping aujourd'hui sans évoquer le CO_2 et ses mérites.

Les plantes : Méthode de propagation

La reproduction peut parfois devenir fastidieuse lorsque l'on est mal renseigné. Voyons ici toutes les techniques de reproduction de nos merveilleuses plantes aquatiques.

Tout d'abord, voyons les modes de reproduction naturelle ainsi que leurs définitions.

- **Reproduction par stolons :**
Le stolon est une tige au niveau du sol que produit la plante, cette tige va s'éloigner pour prendre racine à un autre endroit. La nouvelle plante pourra ensuite se séparer du stolon pour être totalement autonome et indépendante.

- **Reproduction par rhizome :**
La reproduction dans le cas du rhizome est strictement identique à la reproduction par stolons, mais la tige reliant les deux plantes sera cette fois souterraine.

- **Les divisions :**
En nature, il est possible qu'une partie des racines se détachent pour s'éloigner et former de nouvelles plantes.
Le même processus peut également arriver en surface avec les pieds des plantes.

- **Les graines :**
Les plantes qui produisent des fleurs sont capables de libérer des graines après la fructification. Ces graines sont alors libres de mouvement dans l'eau et vont finir par se poser et former une nouvelle pousse, si l'environnement cible est approprié.

En tant qu'aquariophile, vous pouvez laisser les choses se dérouler naturellement, mais vous pouvez aussi bouturer des plantes vous-même afin d'obtenir d'autres pieds. Cette pratique s'exécute uniquement sur des plantes à tige.

Si vous voulez créer une bouture de votre plante, il faudra couper la tige à la fin de sa branche principale. La tige principale pourra alors continuer de se développer, et vous pourrez planter la bouture.

Veillez cependant à bien couper les boutures d'une manière nette avec un accessoire tranchant pour ne pas abîmer le reste de la plante.

Les plantes : La cultivation In Vitro

Qu'est-ce que la cultivation dite "in vitro" ?

La cultivation in vitro vient du latin " dans le verre". La cultivation in vitro des plantes n'est rien d'autre que la cultivation d'une plante dans un petit tube ou une petite boîte, en dehors de son environnement naturel. (hors de substrat et hors des condition climatique réel).

Le résultat ? Les plantes cultivées de cette manière bénéficient d'une excellente propreté, pas d'escargots ni de parasite. Nous achetons la plante, rien que la plante et pas d'autres molécules, bactéries ou parasites qui pourrait venir déranger nos aquariums.

Ce type de culture est-elle accessible à toutes les plantes ?

Malheureusement pas encore, la cultivation in vitro nécessite de connaître parfaitement le milieu de la plante et de pouvoir le recréer artificiellement, chose qui n'est pas toujours facile. La souche à la base de la plante doit développer ses tissus racinaires et aériens. Actuellement, dans de nombreux essais effectués par des chercheurs, beaucoup de plantes ne se développent pas comme à l'état naturel et ne forment pas de nouveaux tissus, chose encore aujourd'hui incomprise.
Mais des recherches sont en cours et sur le long terme, nous devrions voir arriver de nombreuses plantes issues de la cultivation in vitro.

La cultivation in vitro se fait dans un milieu aqueux, avec un gel neutre (comme de l'agar-agar), on insère ensuite dans ce gel, les nutriments nécessaires au développement de la plante.

Pourquoi un tel avènement de cette culture ?

Cultiver des plantes de cette manière permet de la protéger de tout virus, épidémie et danger externe.
Dans les années 50, une épidémie touchant des végétaux a ralenti la production mondiale de pomme de terre de 15% (30 millions de tonnes au total). Suite à de telles pertes, des chercheurs ont décidé d'effectuer des recherches et analyses pour développer une culture sans risque.
La culture in vitro a permis plus tard de développer de nombreuses cultures "sans risque". De la canne à sucre, au bananier en passant par les tulipes...
La culture in vitro protège notamment les plantes sensibles aux épidémies comme les plantes tropicales.

Puis-je cultiver mes boutures in vitro moi-même ?

Pour recréer les conditions de culture in vitro dans les foyers, il faut s'intéresser au mode de production de nos plantes d'aquarium. Celles-ci sont produites à partir d'un seul spécimen et sont en quelque sorte " copiées" in vitro pour arriver à des productions de masse pour le grand public.
J'ai donc essayé de placer des boutures d'*Hygrophila rosae australis* dans des tubes à essai. Puis sans substrats, j'ai essayé de subvenir aux besoins de ces plantes.

Résultat : Mes boutures ont réussi à se développer en quelques semaines, j'ai d'abord noté un temps d'acclimatation des boutures d'environ 1 semaine, puis une croissance plutôt normale en vitesse pour des hygrophiles.

Remarque : Bien que les plantes se développent, l'hygiène n'est pas irréprochable comparée à un laboratoire. Les plantes sont ainsi bien cultivées en mode "in vitro", mais en conserve t elle tous les avantages ?
Essayez avec les boutures de vos plantes taillées, expérimentez avec des plantes différentes, vous pourriez être surpris des résultats.

C'est une culture réservée aux laboratoires, mais c'est intéressant d'expérimenter avec ses plantes, pour en apprendre plus sur elles !

Les fiches plantes

Un repertoire de végétaux pour améliorer vos créations

La cryptocoryne Wendtii

Facilité de culture : Facile
famille: Cryptocorynes
Sous-espèce : Wendtii Green
Taille adulte : 15 cm
Reproduction : Rhizome
Eclairage : Faible à modéré
Croissance : Lente
Température : 22 à 30 °C
PH : 6 à 8
GH : 1 à 25 °d
origine : Asie,Sri Lanka

La *cryptocoryne* est une plante très appréciée des aquariophiles débutants grâce à sa robustesse. C'est en effet une plante qui sera facile à maintenir dans un aquarium. Une plante qui peut même se maintenir dans tous les aquariums. Elle ne demande pas de condition particulière, et ne nécessite pas de soins spéciaux. La sous-espèce *Wendtii Green* doit son nom à Albert *Wendt*, un aquariophile botaniste et auteur. Cette espèce de *cryptocoryne* est également la plus vendue en animalerie parmi la petite vingtaine d'autres sous-espèces commercialisées aujourd'hui. A l'état naturel, celle-ci n'est pas faite pour une culture immergée. De ce fait, elle est prédisposée pour les terrariums et aquaterrariums. Mais la capacité d'adaptation extraordinaire de cette plante en fait d'elle une candidate de choix pour une installation en aquarium totalement immergée.

Il est conseillé de placer cette plante en premier plan dans le paysage. Sa petite taille convient pour décorer le premier-plan, tout en laissant la vue sur les plans secondaires.
Vous pouvez utiliser cette plante dans un petit aquarium, ou dans un nano-aquarium. Ces petites feuilles donneront l'illusion d'un espace plus grand.

Cabomba Caroliniana

Facilité de culture : Intermédiaire
famille : Cabomba
Sous-espèces : Caroliniana
Taille adulte : 80 - 100 cm
Reproduction : Division
Eclairage : Moyen à puissant
Croissance : Rapide
Température : 22 à 28°C
PH : 6 à 7
GH : 1 à 10 °d
origine : Amérique

La *Cabomba Caroliniana* fait partie de la famille des *Cabombaceae*. Originaire des États-Unis, elle a été identifiée et caractérisée en 1837. En Australie, cette plante est considérée comme une mauvaise herbe à cause de son caractère colonisateur. Pourtant, elle trouve parfaitement sa place dans les aquariums plantés du monde entier.

Cette plante est à privilégier dans les aquariums qui sont en hauteur. Votre aquarium sera ainsi doté d'une meilleure structure végétale. Cette plante aura besoin du CO_2 de manière soutenu et d'un environnement riche en nutriments. Avec ces conditions, elle se développera à une vitesse extraordinaire.

Séparez les pieds d'environ 4 ou 5 cm chacun pour un meilleur rendu. Et n'hésitez pas à tailler cette plante toutes les semaines, sa vitesse de croissance est importante.

Il est préférable de planter les tiges dans l'arrière de l'aquarium pour ne pas obstruer le reste de l'aquarium.

Comme beaucoup de plantes à tiges, si vous voulez développer cette plante, vous pouvez planter les boutures qui n'auront aucun mal à s'acclimater et prendre racine.

Vous aurez cependant besoin d'une eau douce et légèrement acide.

Hygrophila corymbosa

Facilité de culture : Facile
famille : Acanthaceae
Sous-espèces : Hygrophila
Taille adulte : 40 cm
Reproduction : Bouture
Eclairage : intense
Croissance : Rapide
Température : 18 à 30 °C
PH : 5,5 à 8
GH : 1 à 20 °d
origine : Asie - Sud est

Hygrophila corymbosa est une plante à tige populaire. Elle a aussi différentes formes selon sa culture. En milieu immergé, elle a atteint 40 cm. Mais dans un milieu amphibien (aquaterrarium/Terrarium humide), elle peut atteindre 1 mètre après la surface de l'eau. Elle est donc utilisée aussi dans d'autres milieux que les aquariums.

Cette plante est assez robuste et il est facile de la multiplier dans vos espaces aquatiques avec des boutures.

En sortant de l'eau, la particularité de cette espèce est la floraison, elle pourra alors former des tiges et feuilles violettes magnifiques. Il est cependant assez rare de voir ce genre de chose en aquarium, surtout si cette plante est totalement dans l'eau.

Vous pourrez positionner cette plante dans l'arrière de l'aquarium, dans la mesure du possible. Avec une grande luminosité.

Note : Placer un plant dans un endroit où elle pourra atteindre la surface, les couleurs seront plus belles et vous aurez de beaux spectacles.

Cette plante a une grande capacité de filtration d'eau. Pour avoir une croissance rapide, elle tire parti des nitrites, nitrates et phosphates présents dans votre aquarium. Ce qui est une bonne chose et vous évitera le problème d'invasion des algues.

Alternanthera rubra

Facilité de culture : Facile à modéré
Famille: Alternanthera
Taille adulte : 45 cm
Reproduction : Bouture
Eclairage : Modéré
Croissance : Rapide
Température : 15 à 30 °C
PH : 5,5 à 7,5
GH : 5 à 15 °d
origine : Amérique

Alternanthera Rubra est une des nombreuses espèces d'*alternanthera*, au total 80. Cette plante obtient sa teinte rouge grâce à la lumière. C'est un point intéressant que vous allez pouvoir modifier. Plus il y aura de luminosité sur votre plante, plus celle-ci sera rouge, dans le cas contraire, sa couleur tirera sur le vert.

En milieu fermé, *Alternanthera Rubra* se propage uniquement avec une intervention humaine. Ces plantes à croissance rapide seront taillées de temps en temps. Profitez-en pour obtenir des boutures. Avec ces spécimens, le bouturage est simple, mais il faudra respecter une distance de 7 cm entre chaque bouture.
Pour maintenir cette plante, le CO_2 est obligatoire sous peine de voir se décolorer la plante, ou la voir mourir.

Cette plante est une des nombreuses variétés du genre, ses congénères ont des conditions de maintenance similaires, en animalerie, vous croiserez la route de plusieurs articles appartenant à la grande famille des *alternantheras*. Plus ou moins colorée ou plus ou moins grande.

C'est une plante qui se développe très bien hors de l'eau, mais avec une hygrométrie élevée. Elle se plaît donc en aquarium, mais aussi en paludarium ou l'eau est présente en grande quantité autour de la plante.

Rotala indica

Facilité de culture : Facile
Famille: Lythraceae
Sous-espèces : Rotala
Taille adulte : 20 à 40 cm
Reproduction : Rhizome
Eclairage : Modéré à puissant
Croissance : modéré
Température : 18 à 30 °C
PH : 7 à 8
GH : 1 à 10 °d
origine : Asie (rotala des indes)

La *Rotala indica* est une plante commune en aquarium, de taille moyenne. Si l'éclairage est assez puissant, et si la surface n'est plus très loin, elle peut finir par donner le spectacle d'une couleur rougeâtre. Ce processus sera accéléré si l'eau dans laquelle se situe la plante contient beaucoup de fer.

Vous pouvez bouturer les têtes qui sont placées en pleine lumière et les replanter. La lumière constitue le besoin le plus important pour cette plante. Elle nécessite un sol nutritif et supporte une large température.

Pour le positionnement de cette plante, vous pouvez l'utiliser pour donner de la consistance et de la profondeur dans votre aquarium. Mais de taille moyenne, elle se place généralement dans le centre de l'aquarium. Vous pouvez également utiliser plusieurs tiges pour un aspect "touffu".

Rotala indica est maintenant rare dans son pays d'origine (Asie et Inde) a l'état naturel. Mais est cependant vendu commercialement à une grande échelle... Un paradoxe.

Note : La *Rotala indica* est souvent confondue avec la *rotala rotundifolia*, la plante que nous étudions ici, fournie de plus petites feuilles ronde et verte qui peuvent avoir des touches rougeâtres.

Micranthemum 'Monte Carlo'

Facilité de culture : Difficile
Taille adulte : 2- 5 cm
Reproduction : rhizome
Eclairage : Très puissant
Croissance : Moyenne
Température : 22 - 28 °C
PH : 5- 7
GH : 1 à 15 °d
origine : Asie

La M*icranthemum 'monte carlo'* (aussi appelé *Hemianthus sp Monte Carlo*) est une plante très utilisée en aquascaping avec son tapis de petite feuille ronde. Cependant, elle demande un soin particulier. Le C0² est indispensable avec cette variété, tout comme le sol nutritif, ainsi qu'une très grande luminosité. Cette plante n'aime pas non plus les algues qui l'étouffent.

Tous ces éléments en font une plante particulièrement difficile à maintenir. Et donc déconseillé au débutant.
Vous pouvez tout de même essayer, le rendu en vaut la peine. Elle tapisse de nombreux bacs d'aquascaping et est désormais célèbre.

Cette plante se positionne n'importe où dans l'aquarium puisque sa petite taille ne lui permet pas de cacher d'autres éléments du décor. Notez que si vous utilisez cette plante en tant que plante gazonnante, il faudra surveiller sa hauteur et ne pas hésiter à la tailler pour qu'elle ne devienne pas buissonnante.

Elle doit être plantée à la pince, en petite touffe dans le substrat, avec le temps, elle viendra se propager sur le reste du sol. Si la luminosité est présente de manière uniforme dans le bac, elle pourra tout de même pousser à l'ombre des autres plantes.
Sa cultivation in vitro est possible et beaucoup de magasins la vendent ainsi. Sa division est possible également !

Pogostemon Stellatus

Facilité de culture : Facile
Famille: Lamiaceae
Sous-espèces : Stellatus
Taille adulte : 20 à 30 cm
Reproduction : Bouturage
Eclairage : intense
Croissance : Rapide
Température : 22 à 26 °C
PH : 5 à 7
GH : 1 à 15 °d
origine : Asie

La *Pogostemon Stellatus* est une variété encore méconnue des aquariums, mais qui gagne du terrain. Celle-ci se maintient dans de bonnes conditions et à une vitesse de croissance très rapide. Comme nombre de plantes à tige, elle donne du volume et permet une structure végétale. L'éclairage intense aidera votre plante à atteindre la surface. Plante qui tirera vers la couleur rouge à la surface de l'eau. Vous pouvez positionner cette plante en arrière-plan pour lui laisser le volume qu'elle a besoin.

Les plantes de ce genre poussent encore une fois, à l'extérieur de l'eau, à l'état naturel (Asie). Il vous faudra donc un bon substrat qui permettra à la plante de bien s'accrocher (sable uniquement déconseillé).

A l'achat, préférez des plantes déjà immergées. En effet, l'acclimatation de la plante en milieu totalement immergée est difficile et délicate, il vaut mieux ne pas avoir à acclimater la plante vous-même sous peine de la voir mourir, n'achetez donc pas la plante si elle a été cultivée hors de l'eau (ou émergée)
Son feuillage fin permet de mettre en relief les petits aquariums. Et fait également plaisir aux poissons qui pourront se cacher et circuler autour des petites feuilles qui composent cette plante.

Echinodorus Tenellus

Facilité de culture : Modérée
Famille: Alismataceae
Sous-espèces : Tenellum
Taille adulte : 5 à 12 cm
Reproduction : rhizome
Eclairage : Modéré à puissant
Croissance : modéré / rapide
Température : 18 - 30 °C
PH : 5,5 à 8
GH : 1 à 10 °d
origine : Amérique

Echinodorus Tenellus est une excellente plante d'avant-plan. Elle sert aussi de plante gazonnante. Cette plante est facile d'accès. Elle doit cependant être soumise à une forte exposition lumineuse. La variété '*Broad leaf*' demande davantage de luminosité (1W/2L et jusqu'à 1W/1L) Cette plante gazonnante est parfaite pour un premier plan et offre de la finesse à votre aquarium. Elle convient aussi au paludarium, car elle est amphibie.

Scientifiquement, elle sera plutôt dans la catégorie "semi-gazonnière " parce qu'elle peut atteindre une taille supérieure à 10 cm.

Avec cette plante, il faudra éviter d'avoir trop d'ombres dans vos aquariums. Pour cela, il faudra travailler l'agencement des plantes. Elle peut paraître simple dans un premier abord, mais est peut-être plus compliquée qu'elle n'y paraît, elle ne prend pas racine dans tous les bacs. Si elle supporte des températures entre 18 et 30 degrés, il est préférable de maintenir une température autour de 25°C pour avoir une meilleure croissance

Le CO_2 est indispensable avec ce type de plante, ainsi qu'un sol riche et une eau claire irréprochable. Veillez donc plus particulièrement à la qualité de l'eau si cette plante se trouve dans votre bac.

Si votre plante se plaît dans l'espace que vous lui offrez, elle vous offrira en retour quelques fleurs blanches, bien que rarissime, c'est une très jolie fleur.

Hemianthus callitrichoides

Facilité de culture : Difficile
Famille: callitrichoides
Sous-espèces : scrophulariaceae
Taille adulte : 2-3 cm
Reproduction : Horizontale - Rhizome
Eclairage : Moyen à puissant
Croissance : rapide
Température : 18 à 28 °C
PH : 5 a 7.5
GH : 1 à 20 °d
origine : Cuba

Hemianthus Callitrichoides est une plante très souvent utilisée en aquascaping, son tapis gazonnant est très apprécié. Ses petites feuilles en amas forment de jolies couleurs et donnent des touches de détails.

Bien qu'elle soit jolie, elle reste une plante difficile à maintenir dans un milieu fermé comme les aquariums.

Cette plante a deux ennemis : les algues, et son maintien en place dans le sol.

Les algues sont fréquemment présentes dans les aquariums ayant moins de 2 mois, c'est pourquoi il est conseillé de planter cette gazonnante dans un aquarium déjà bien en place. Les algues peuvent être très nocives pour ce genre de plantes à petite feuille, celles-ci peuvent vite étouffer la plante qui a un fort besoin en luminosité.

Le deuxième ennemi de cette plante est son propre système racinaire qui est très fin et reste proche de la surface du substrat. Cette caractéristique rend la plante difficile à maintenir en place et à planter. Il faut être patient et méticuleux si vous voulez obtenir de bons résultats avec cette plante.

Cette plante nécessite, dans la plupart des cas, un ajout de CO_2 dans l'aquarium.

Pour accélérer le processus du tapis gazonnant, vous pourrez diviser les plants pour les replanter 5-6 cm plus loin. Le gazon se formera alors plus vite.

lilaeopsis carolinensis

Facilité de culture : Facile
Famille: apiaceae
Sous-espèces : lilaeopsis
Taille adulte : 8 à 16 cm
Reproduction : rhizome
Eclairage : moyen
Croissance : rapide
Température : 12 à 28 °C
PH : 6 à 7
GH : 1 a 9 °d
origine : Nouvelle Zélande

La *Lilaeopsis carolinensis* est une plante simpliste qui ne demande pas d'apport particulier, c'est pour cela qu'elle est tant appréciée, elle se développe rapidement, à l'horizontale comme à la verticale.

Certains l'utilisent comme plante gazonnante lorsque l'aquarium est spacieux. Si vous l'utilisez comme cela, vous serez peut-être amené à tailler cette plante.

Si vous l'utilisez en tant que plante normale (taille de 10 à 16 cm), veillez à ne pas créer d'amas de feuilles. Cette plante prend vite un espace important dans un aquarium.

Cette plante est vivement conseillée au débutant, a un système racinaire qui tient bien en place, et ne nécessite pas d'enrichissement de l'eau ou de CO_2.

Note : Vous devez éviter le CO_2 avec cette plante, car elle étouffe très vite. Vous devez inclure cette plante dans un environnement simpliste, veillez donc à diminuer vos apports en CO_2 avec ce type de plante. Le mieux étant d'éliminer totalement le CO_2 en présence de lilaeopsis.

Cette plante est intéressante également sur le point de vue de la luminosité. Vous pourrez faire varier la couleur de la plante avec l'éclairage, un éclairage plus fort vous permettra d'obtenir un vert plus éclatant, alors qu'un éclairage moyen sur votre bac aura pour effet un vert "tendre".

eleocharis sp mini

Facilité de culture : Moyen
Famille: Eleocharis
Sous-espèces : sp.mini
Taille adulte : 6 cm
Reproduction :
Eclairage : Puissant
Croissance : Lente
Température : 22 à 28°C
PH : 5.5 à 7.5
GH : 1 à 15 °d

Cette plante est également gazonnante, *Eleocharis sp mini* mesure 6 cm au maximum. Ses petites feuilles plaisent beaucoup et permettent à la plante de se démarquer parmi la large gamme de plantes gazonnantes.

La *Eleocharis sp mini* fait partie de la famille des *Eleocharis* qui compte pas moins de 100 espèces, celles-ci sont souvent confondues par leur aspects similaires. L'espèce Sp mini est néanmoins la plus petite plante (6cm) des *Eleocharis* disponible en aquariophilie.

Toutes les variétés de cette famille ne sont pas tous disponibles en aquariophilie pour des raisons de rareté ou de facilité de culture. Cette plante ne nécessite pas de taille régulière. Sa petite taille et sa croissance lente permettent un tapis gazonnant plaisant sans taille. En revanche, si elle manque de lumière, la plante végètera et cette situation sera propice au développement des algues. Préparez donc un éclairage puissant.

Plantez cette plante dans un bac déjà rodé et assurez-vous de la non-présence d'algues pour ne pas mettre en danger vos pieds.

En cas de condition favorable à la culture de cette plante, plantez les différents plants espacés de 4 à 6 cm les uns des autres.

Cette plante nécessite un apport en CO_2 pour une croissance optimale.

Bacopa Caroliniana

Facilité de culture : Facile
Famille: plantaginaceae
Sous-espèces : caroliniana
Taille adulte : 50 cm
Reproduction : Bouturage
Eclairage : Modéré à puissant
Croissance : Moyenne
Température : 19 à 28 °C
PH : 5.5 à 7
GH : 1 à 10 °d
origine : Etat-unis (sud)

La *Bacopa caroliniana* est une plante populaire en Aquariophilie/Aquascaping, elle est également disponible dans la plupart des animaleries ou jardinerie. Son succès est né grâce à sa robustesse et à sa facilité de maintien.

Sa taille moyenne permet un positionnement dans tous les recoins de l'aquarium, sur le premier plan ou en fond de décors, Cette plante ne posera pas de problème.

Il faudra simplement veiller au bon éclairage de cette plante. Bien qu'elle ne demande pas de système puissant, il faut éviter que les feuilles soient dans l'ombre, en particulier dans l'ombre des feuilles du dessus. C'est un agencement à prévoir dans l'installation et la coupe des plantes.

Au-delà de cette caractéristique, cette plante est simple à maintenir en aquarium. La *bacopa Caroliniana* est une plante palustre, elle pousse en dehors de l'eau dans les conditions naturelles. Cette variété pousse essentiellement dans les marais, et convient donc très bien au paludarium comme aux aquariums.

Cette plante peut produire assez facilement des fleurs qui seront de couleur bleue, agréable pour la diversité de couleurs que présente l'aquarium.

Le feuillage de cette plante est épais, mais les feuilles ne sont pas grandes, cette plante peut également se disposer dans les nano-aquarium.

utricularia graminifolia

Facilité de culture : Moyen
Famille: utriculaires
Sous-espèces : graminifolia
Taille adulte : 5 cm
Reproduction : Rhizome
Eclairage : Fort
Croissance : moyenne
Température : 15 à 35°C
PH : 5 à 7.5
GH : 7 à 20 °d
origine : asie (sud-est)

Utricularia Graminifolia est une plante gazonnante... Oui encore, mais je tenais absolument à la présenter dans ce livre, pourquoi ? parce que les utriculaires ont une particularité, toutes les plantes de cette famille sont insectivores/carnivore dans leurs forme émergée.

Pour développer cette plante, il faudra compter sur un éclairage fort, environ 1W pour 2 Litres d'eau.

Vous pouvez vous amuser à donner des insectes aux utriculaires si votre plante a encore une partie émergée, mais sachez que ce n'est pas indispensable, les plantes carnivores de manière générale n'ont pas besoin d'insectes pour survivre. Une fois la plante complètement immergée, elle ne sera plus insectivore.

Elles ont en revanche besoin de beaucoup de lumière et d'un sol enrichi, cette plante tire parti de ses racines pour se nourrir, veillez donc à avoir un substrat nutritif ou un sol technique.

Les changements de milieu sont souvent délicats pour les utriculaires, ce type de plante reste assez fragile et supporte mal les transports. Cette plante aura besoin d'une attention particulière, je conseille de planter cette dernière dans un bac déjà bien cyclé, avec un apport de CO^2. Le CO^2 n'est pas obligatoire ici, mais il accélère le processus de la croissance malgré tout.

aponogeton boivinianus

Facilité de culture : Facile
Famille: aponogetonaceae
Sous-espèces : aponogeton
Taille adulte : 60 cm
Reproduction : Bulbe
Eclairage : Moyen à puissant
Croissance : rapide
Température : 18 à 28 °C
PH : 6.5 à 7.5
GH : 1 a 7 °d
origine : Afrique/Madagascar

Aponogeton boivinianus est une plante encore méconnue de nombreux aquascapeurs, pourtant elle est relativement simple à développer en aquarium. Et elle est capable de prendre de grands espaces pour meubler les aquariums les plus grands. Elle trouvera sa place dans l'arrière-plan de l'aquarium à cause de sa taille, son volume et ses longues feuilles. Il faut prévoir dans votre plantation que cette plante va continuer de grandir encore longtemps.

Cette plante se développe bien plus rapidement avec un sol nutritif qui est donc conseillé. Il a été aussi observé que cette plante aime le courant, il vous faudra ainsi une bonne filtration pour que la plante soit à l'aise dans son environnement. Si la plante se plaît dans votre aquarium, elle pourra se mettre à fleurir dans quelques cas, cela reste malheureusement assez rare.

A l'état sauvage en Afrique, cette plante se retrouve même dans des eaux avec de forts courants. Le végétal dispose d'un système racinaire suffisamment puissant pour être maintenu, cela en fait un avantage quand certaines plantes concurrentes seront difficiles au niveau de la plantation.

En revanche, aucun apport en CO_2 n'est nécessaire puisque la *Aponogeton boivinianus* rejettera le CO_2 avec un processus de dégazage

Nénuphar bleu du cap king blue

Facilité de culture : Moyen
Famille : nymphaca
Taille adulte : 15 cm
Reproduction : Flottante
Eclairage : Modéré
Croissance : Moyen
Température : + de 15 °C
origine : cosmopolite, australie

Ce nénuphar est pour le moins original, coloré et répandu dans les bassins européens (artificiel). A état sauvage, vous pouvez retrouver cette végétation en Afrique, le long des cours d'eau, ou en Australie.

Habituellement trouvé dans les bassins, de plus en plus d'aquariophile optent pour ce magnifique nénuphar. Il faudra cependant un grand aquarium pour maintenir cette plante flottante. Ces fleurs sont magnifiques, c'est pour moi l'une des plus belles plantes... Son prix est en revanche assez élevé, entre 30 et 60 euros pour un spécimen. Sa rareté et sa couleur jouent sur son prix, ainsi que la demande croissante de cette plante sur le marché.

Ce nénuphar tropical est pour le moins intéressant à étudier. Il permet aussi de créer des zones d'ombre, sans coloniser toute la surface. Nous manquons d'informations à son sujet.

Anubias nana

Facilité de culture : facile
Famille: araceae
Sous-espèces : aroideae
Taille adulte : 10 cm
Reproduction : rhizome
Eclairage : moyen
Croissance : moyen à rapide
Température : 22 à 30 °C
PH : 5.5 à 7.5
GH : 1 à 8 °d
origine : Afrique

Anubias nana est désormais célèbre, vendu dans tous les magasins d'aquariophilie, pris d'assaut par les débutants et les confirmés. Cette plante peut se planter dans le sol ou être accrochée aux structures environnantes, elle prend ainsi racine sur la structure et s'y développe. Ses feuilles ont une durée de vie de plusieurs années, et il est facile d'obtenir des conditions de croissance favorables. Cette plante a tout pour plaire.

Issu de la famille des *Anubias*, L'*Anubias nana* est une sélection de l'espèce *Anubias barteri var*.
Les anubias sont nombreuses, plusieurs centaines dans le genre, mais pourtant, c'est celle-ci qui a eu son lot de succès dans les rayons des animaleries et les jardineries. Ses petites feuilles vous permettront d'embellir n'importe quel recoin de votre bac.
Cette plante ne nécessite pas de sol nutritif ni de CO_2 (liquide ou gazeux), en bref, que du bonheur.
Outre le fait que la plante soit accessible au plus large des publics grâce à ses conditions de maintenance simple. Il est toujours intéressant de pouvoir peupler le milieu aérien de l'aquarium avec une telle plante. Vous pouvez obtenir de magnifiques contrastes entre plantes qui poussent au sol, les plantes qui poussent sur le décor, ainsi que les plantes flottantes.

Fougère de java (microsorum pteropus)

Facilité de culture : Très facile
Famille : Polypodiaceae
Sous-espèces : microsorum
Taille adulte : 40 cm
Reproduction : Rhizome
Eclairage : Moyen
Croissance : Lente
Température : 16 à 30°C
PH : 5 à 8
GH : 1 à 15°d
origine : Asie du sud

La fougère de java est une plante extrêmement appréciée, et célèbre. Son premier avantage est qu'elle peut se cultiver en dehors de tout substrat. Un support simple de n'importe quel type lui conviendra parfaitement. Attachez cette plante avec du fil de couture sur le support avant qu'elle prenne racine pour la maintenir dans sa position pendant les premières semaines tout de même.
Son nom commun nous vient de l'île de Java, d'où provient également la mousse de java
 (cette mousse a les mêmes caractéristiques, à ceci près que c'est une mousse). Elle pousse également en Asie du Sud en grande quantité.

Microsorum pteropus est vendu sous ce nom en jardinerie, prenez donc garde. Avec des besoins quasi-nul et sa grande tolérance, elle convient à la grande majorité des aquariums. Débutant ou confirmé. Cette fougère a un mode de reproduction semblable aux fougères terrestres, à savoir, avec des spores et des apogamies (petite fougère qui pousse au dos de la mère). Il a été très intéressant de constater que les différentes espèces de fougères d'eau douce peuvent procréer ensemble et arriver à des hybrides de fougères.
Ces productions sont parfois observées dans les aquariums d'aquariophile averti. Et il est naturellement intéressant de mêler les espèces entre elles pour créer des variations.

Bucephalandra mini needle leaf

Facilité de culture : Facile
Famille : Araceae
Sous-espèces : bucephalandra
Taille adulte : 20 cm
Reproduction : rhizome
Eclairage : modéré
Croissance : moyenne
Température : 20 à 26 °C
PH : 5.5 à 7.5
GH : 1 a 16°d
origine : île de Bornéo

La *bucephalandra mini Needle leaf* est encore bien méconnue dans le milieu, c'est une plante qui pourtant, propose un caractère unique par son aspect. Sa palette de nuances de vert saura en ravir plus d'un.

Originaire de Bornéo, c'est une plante qui se maintient facilement dans des conditions relativement communes.

Avec une utilité certaine en aquascaping, elle permet un design unique. Il faudra essayer de coupler cette plante avec des espèces de crevettes ou d'escargot pour maintenir la plante propre, et éviter la prolifération d'algues.

1 Watt par litre ou 1 Watt/2L suffit pour maintenir cette plante dans un bon état et la stimuler.

Dans son environnement d'origine, les *Bucephalandra mini Needle leaf* vivent dans les eaux vives. Pour reproduire ce courant d'eau et simuler son état naturel d'origine, ce qui aide la plante à mieux se développer. Vous pouvez placer cette plante dans le courant du filtre de votre aquarium. Évitez les zones d'eau trop statiques dans tous les cas.

Sa couleur peut tirer sur le bleu, et il est préférable de faire attention à son introduction dans les bacs.

Etude de cas : La forêt primitive

La foret primitive - Takashi Amano

Présentation de l'aquarium

Ce n'est pas un aquarium pris au hasard. Ce n'est pas un inconnu qui l'a réalisé et ce n'est pas réalisé sans réflexion préalable.

L'aquarium que vous avez devant vos yeux est "La forêt primitive" de Takashi Amano, célèbre artiste dont nous avons déjà parlé.

Cet aquarium est construit dans un grand espace. 414 cm de longueur sur 164 cm en profondeur, le tout sur 170 de hauteur. Cet aquarium est grand, car il a une vocation touristique et cela nous montre également la folie des grandeurs de *Takashi Amano*.

L'aquarium se trouve à Tokyo. Vous pouvez le voir en tant que touriste. Cet aquarium est d'ailleurs devenu un endroit de "pèlerinage" auprès de nombreux aquascapeurs, amateurs ou confirmés.

Pourquoi l'étude de ce cas précis ?

Nous étudions ce cas, car il présente des caractéristiques intéressantes qui reprennent un bon nombre de notions abordées dans ce livre. Nous abordons cet aquarium également parce qu'il provient de Takashi Amano. Et il est de l'ordre de la culture de connaitre au moins une de ses créations.

Un aquarium de quel type ?

L'aquarium " La forêt primitive " est un bac planté en biotope amazonien. Ce biotope est apprécié, notamment grâce à cet aquarium. Cela se voit avec le sol et le hardscape.
Le biotope amazonien a généralement un hardscape dominant sur les plantes. Dans le cas de cet aquarium, j'observe plus de plantes que la moyenne. Et nous retrouvons cela dans tous les bac amazoniens, un hardscape en bois. Ce qui est une normalité par rapport à l'état naturel des lieux.

Fleuve typique de l'Amazonie

Voici le fleuve de l'amazone situé qui traverse donc une forêt tropicale. L'aquarium doit reconstituer ce milieu. Que voit-on si l'on plonge l'objectif dans le fleuve ?
Outre la clarté de l'eau, la réponse sera : Beaucoup de bois, peu ou pas de pierre, et des plantes côtières d'eau douce.
Si l'on reprend notre aquarium, nous retrouvons nos proportions. L'aquarium représente son biotope !

Comment a-t-il été réalisé ?

La logique a été pensée auparavant. Takashi Amano a pris des racines venant du bord de l'amazone. Et très peu de pierres (de type *manten stone*).

Il a également distribué intelligemment ses racines pour avoir une proportion correcte (si nous nous basons sur une vue de coupe).

La lumière joue aussi un rôle important dans cet aquarium. La lumière qui arrive à la hauteur du sable se réfléchit sur l'ensemble de l'aquarium, pour mettre en valeur les éléments.

Nous pouvons aussi voir qu'une fine couche de substrat a été utilisée, car la majorité des plantes sont disposées en hauteur. Le substrat ne sert que pour créer deux petits îlots afin de poser le hardscape et réfléchir la lumière.

L'importance de l'espace, les proportions ?

Dans le bac de Takashi, Amano distribue son jeu à la manière d'une vue de coupe, mais il ne s'arrête pas là. Les proportions de l'espace sont un élément important de cet aquarium.

Comme nous le montre cet espace presque vide au milieu, cet espace donne une profondeur à l'aquarium. Le chemin de sable s'élargit au fond pour nous donner l'illusion que le bac va plus loin. En réalité : Les plantes et le hardscape touchent la vitre du fond.

Pour donner encore un peu plus d'illusion. Il peuple son hardscape avec uniquement des petits spécimens, qui donne l'impression de ne pas prendre d'espace.

Ainsi, nous avons un grand aquarium, qui paraît encore plus grand pour plusieurs facteurs.

En revanche, le vide du hardscape qui pourrait paraître sur les côtés est renforcé par des plantes pour créer de la masse, du volume.

Les petits poissons provoquent l'effet de grandeur lorsque nous les comparons aux décors.

Les différentes plantes ?

Dans son bac, Takashi Amano a disposé plusieurs spécimens de plantes. En voici la liste :

- *Microsorum Narrow leaf*
- *Bolbitis Heudelotii*
- *Anubias barteri nana*
- *Cryptocoryne Wendtii green*
- *Vesicularia dubyana*

L'ensemble des plantes sont utilisées pour créer la masse. Nous observons aussi un jeu de couleurs, un dégradé. Effectué par la lumière, mais également par le choix des plantes comme les *Anubias barteri nana* qui sont d'un vert beaucoup plus foncé que les *cryptocorynes wendtii green*.

Quel est le ressenti émotionnel ?

Émotionnellement, ce bac dégage de fortes émotions. D'une part, la mise en valeur effectuée par le musée est agréable, une mise en hauteur de l'aquarium et un vide qui l'entoure. Il est aussi le point le plus lumineux de la pièce dans lequel il est présenté.

L'aquarium en lui-même provoque une expérience inédite d'après les chanceux qui ont eu la chance de le visiter. Tous se retrouvent effarés devant un tel spectacle... reposant, mais gigantesque, précis, et magnifique.

La précision du paysage est pour le moins étonnante. A un tel point que toutes les photos prises de cet aquarium sont différentes d'un point de vue à un autre.

Nous pourrions décomposer cet aquarium en une vingtaine de photos toutes différentes.

Les habitants d'un bac d'aquascaping

Vous avez fait votre bac d'aquascaping, votre décor est parfait, vous envisagez désormais d'introduire des habitants dans votre bac, mais comment les choisir ? Certains décident de ne pas introduire de poissons dans leurs aquariums, je ne suis pas de cet avis, même si un bac d'aquascaping se concentre sur le paysage. Un aquarium a quand même pour objectif final : l'insertion de poissons ou invertébrés.

Si les escargots et crevettes sont populaires, le choix ne se limite pas à cela, regardons de plus près tout cela.

Compatibilité avec l'aquascaping

Si certains animaux sont compatibles et utiles avec l'art horticole de l'aquascaping, d'autres sont à éviter à tout prix, en effet, certains poissons peuvent démonter les décors, manger les plantes ou les tapis de plantes gazonnantes. Les poissons rouges sont incompatibles avec les bacs plantés. Cela vaut également pour les poissons dits "agressifs" comme les *barbus Odessa*, les *barbus crayons*, les *barbus de sumatra*, ou encore les *requins d'argent*.

Les poissons fouisseurs sont par ailleurs très déconseillés, ils peuvent démonter un tapis gazonnant, ou pire encore : Ils peuvent détruire le hardscape, et se blesser.

Nous préférons insérer dans les bacs d'aquascaping, des poissons avec un tempérament calme, qui ne mangent pas les plantes, et qui n'explorent pas le sol.

Vous pourrez insérer des guppies, des néons, des cyprinidés comme les *rasboras galaxy*, des *chiclidés*, des *belontiidés*, et toute sortes d'invertébrés, le choix est large.

Des habitants en fonction du biotope

Vous pouvez choisir les poissons de vos aquariums en fonction de la géographie. Si votre aquarium ressemble à une rivière sud-américaine, alors pourquoi ne pas insérer des poissons qui viennent justement de ce milieu.

Si vous avez choisi un décor selon un biotope particulier, alors choisissez des poissons qui proviennent de ce milieu naturellement. Sinon, essayez d'imaginer quel poisson pourrait vivre dans votre environnement ?

Des habitants en selon la taille de l'aquarium

Pour des raisons de design, les bacs plantés sont généralement peuplés selon la taille de l'aquarium. Des poissons scalaires peuvent faire l'affaire si votre bac est grand. Vous adapterez la taille de vos poissons à la taille du bac, comme en aquariophilie traditionnelle.

Nous admirons également des bacs avec de petits bancs de petits poissons. C'est effectivement ce qui fonctionne le mieux. Insérer des petits poissons dans un grand espace est tout particulièrement joli. Les poissons évoluent en groupe, et ne volent pas la vedette au paysage. Les néons sont de bons candidats par exemple.

le guppy

Le mélange entre poissons et invertébrés.

Sachez que vous pouvez insérer des escargots et des crevettes dans votre bac, mais également des poissons en plus. N'hésitez pas à mixer invertébrés et poissons. En revanche, n'essayez pas de mixer plusieurs espèces de poissons, ce n'est pas un bac communautaire, mais bien un aquarium d'aquascaping.
Si votre choix se porte quand même sur les crevettes, n'optez pas pour les crevettes grises basiques. Les éleveurs de crevettes ont sélectionné avec soin les couleurs pour donner naissance à une grande diversité d'invertébrés. Noir, vert, jaune, bleu... Il y en a de toutes les couleurs. Pensez donc à choisir une couleur qui fonctionne avec votre décor et votre ambiance.

Des crevette jaunes *Neocaridina davidi Yellow* pourront être acclimatés avec des *rasboras galaxy*, une seule espèce d'invertébrés, et une seule espèce de poisson, cela fait des bacs magnifiques !

De plus, vous pourrez faire de la reproduction d'invertébrés avec des crevettes, ou encore des escargots. Ces invertébrés se nourrissent de micro-algues et sont bénéfiques pour la santé de l'aquarium (même s'il faut faire des nettoyage régulier tout de même, ils ne vont pas faire tout le travail).

Les algues

Parlons un peu des algues. Elles constituent un vrai fléau dans le domaine aquariophile. Pour nous qui aimons nos bacs bien plantés, les algues sont des invités mal accueillis, et on essaie de les repousser comme on le peut. Face aux algues qui surviennent dès le début du cycle de l'aquarium, ou encore des années après le démarrage du bac. On est tous les mêmes et souvent impuissant. Mais alors <u>comment se débarrasser des algues</u> ?

Avant de mettre des produits chimiques dans votre eau, de faire des changements énormes en matière de conditionnement de l'eau, ou encore de faire des essais dangereux. Il est préférable de bien se renseigner. La plupart du temps, la cause est naturelle, et on peut la soigner de façon tout aussi naturelle. Il faut jouer sur un ou deux paramètres en même temps, et regarder les conséquences de nos actions. Avant d'acheter un produit chimique qui enlève les algues, et dégrade vos plantes, eau et poissons… Essayez de résoudre le problème par la source. Comment ces algues sont-elles arrivées ? Comment pouvez-vous en arriver à bout ?

Si vous injectez du produit dans l'aquarium, et que vos algues partent… C'est bien… mais si vous n'avez pas résolu la source du problème, alors elles reviendront sans cesse.
Mais quelle est la cause de l'apparition de toutes ces algues ?
Eh bien, cela dépend du type d'algues, il y a beaucoup de types d'algues qui peuvent surgir dans un aquarium, cependant ce sont toujours les mêmes algues qui prolifèrent dans 80% des aquariums. Apprenez à connaître l'algue, votre ennemi, pour mieux l'atteindre, avec des mesures appropriées, tout ceci naturellement.

Identifier une algue

Commençons par l'étude des algues, C'est le moment de regarder les différentes algues qui peuplent nos aquariums. Il existe une cinquantaine d'algues que l'on peut trouver dans les aquariums. Mais nous ne listerons qu'une quinzaine d'algues parmi les plus courantes dans le milieu aquariophile. Les algues seront facilement identifiables dans votre bac.

Nous traiterons ensuite les algues selon leurs catégories.

- **Acanthophora spicifera**

Une algue rouge très rare qui survient dans les aquariums d'eau douce et d'eau salée.

- **Cladophora aegagropila**

Vendu en animalerie comme plante. C'est en réalité une algue qui peut grossir. Elle est généralement très contrôlable.

- **Arthrospira platensis**

C'est une cyanobactérie. Sa présence n'est pas dangereuse, elle se développe rapidement, mais elle peut aussi repartir à la même vitesse.

- **Audouinella** (également appelé algue pinceaux)

C'est une algue filamenteuse qui fait des touffes de poils noirs, elles peuvent également être brunes ou grises selon la lumière. Elle appartient à la famille des algues rouges.

- **Algue Brune**

Les algues brunes sont des algues à carapace et brunes. Elles colorent les vitres, les plantes et les décors. Elles sont présentes régulièrement lors de cyclages

- **Chaetophora**

C'est une algue encroûtante qui apparaît lors de cycles. Elle est discrète, et s'exprime sur les vitres.

- **Chlorophyte** (algue verte)

Les algues vertes microscopiques sont à l'origine de la coloration de l'eau en vert. Ces algues sont en suspension dans l'eau, et s'accrochent parfois sur les surfaces. Elle ressemble à de petits points verts (ou des taches rondes ou minces). C'est l'algue typique de l'aquariophilie.

- **Les algues de graviers**

Les algues de graviers sont des algues minces qui forment un dépôt brun sur les vitres, les décors, et également les plantes.

- **Lyngbya**

La *lyngbya* est une cyanobactérie filamenteuse qui se développe en eau douce comme en eau de mer.

- **Les algue noire filandreuse**

Elles sont longues et remplies de fils et de fibres noires. Elles attaquent les bords des feuilles, et finissent par tuer les plantes.

- **Oedogonium**

Oedogonium est une algue verte filamenteuse et fine. Elle se fixe sur les feuilles. Elle peut se confondre avec certaines algues

- **Algue pinceaux noirs**

Ces algues se fixent à toutes les surfaces. Elle prolifère en étouffant les plantes. La flore aquatique s'affaiblit alors peu à peu.

- **Pithophora**

C'est une algue filamenteuse que nous rencontrons surtout dans les bassins, et rarement en aquarium.

- **Algue à barbe vert foncé**

L'algue rouge à barbe vert foncé se constate notamment sur les feuilles larges. Les poils de cette algue sont courts et d'un vert très foncé, voire sombre.

- **Algue Vert-bleu**

Les algues vert-bleu sont reconnaissables, car elles ont de petits reflets bleutés (en théorie). Elles forment plusieurs fils qui s'entremêlent. Elles envahissent principalement les plantes.

Vous avez pu le constater, Cette liste non exhaustive est représentative de la diversité des algues dans les milieux aquatiques. Mais alors, comment identifier l'algue qui vous envahit ? Et quels sont les risques encourus selon les algues présentes dans votre aquarium.

Généralement, les algues sont inoffensives pour les poissons. Vous remarquerez que ce sont surtout les plantes qui seront étouffées, ils ne peuvent plus faire fonctionner la photosynthèse, et donc meurent petit à petit. L'étouffement des plantes survient à un stade avancé de prolifération, Ce sont d'abord les décors et vitres qui seront attaquées, car elles sont plus adhérentes. Ensuite viendra la prolifération des nuisibles sur les bouts des feuilles, puis toutes les plantes, qui finiront par mourir.

Il convient d'avoir l'œil, et de surveiller son bac, pour dépister le problème dès son arrivée. Habituellement, un simple réglage suffit à ce stade-là, et l'aquariophile confirmé sait se débarrasser des algues rapidement.

Avant de commencer le chapitre suivant, je voudrais synthétiser les algues les plus trouvées dans l'aquariophilie. Pour ne pas vous mélanger avec toutes les algues citées plus haut. La liste suivante sera donc constituée des algues les plus répandues, par catégorie. Nous traitons les algues selon leurs catégories.

- Les algues bleues

Les algues qui ont une teinte un peu bleutée, vert, voir noirâtre
sont appelées algue bleue. Elles émettent une odeur d'acétone.
Et elles ont un aspect visqueux sur les parois de l'aquarium.
Elles sont appelées algues par abus de langage, et par aspect.
Mais ce sont en réalité des cyanobactéries. Il en existe pas
moins de 7500 espèces.
Notez également que le nom peut souvent faire faux-bond, les
espèces d'algues bleues qui sont réellement bleues, sont rares.
Les algues bleues sont elles-mêmes divisées en plusieurs
genres, qui dépendent de la photosynthèse, ou encore de la
capacité de la bactérie coloniale, à vivre en symbiose avec
d'autres organismes animaux ou végétaux.

- Les algues vertes

Il existe 1300 espèces d'algues vertes différentes dans le
monde. Elles ont un aspect de duvet, en forme de point.
Dans les algues vertes, il y a les algues filamenteuses et les
encroûtantes. Les premières seront retirées à la main, et sont
plutôt le signe d'un bon biotope, même s'il faut s'en débarrasser
tout de même.

- Les algues brunes

Ressemblant à de la rouille, avec un aspect poussiéreux. Les
algues brunes sont de la même couleur que leurs noms. Elle
prolifère à une vitesse incroyable. Et elles partent à la même
vitesse si un traitement approprié est mis en place.

- Les algues rouges

Les algues rouges sont présentes en aquarium d'eau douce,
mais plus rare. Les algues rouges sont majoritairement rouges,
pas toutes. Comment se repérer ? Il faut tremper une algue
dans de l'alcool pur, si le pigment rouge persiste. Alors, nous
avons affaire à une algue rouge.

Les algues : Endiguer la prolifération

- Éliminer une algue bleue

Pour éliminer les algues bleues. Il faudra contrôler le taux de nitrate et de phosphates dans l'aquarium. Si celui-ci s'avère anormal. Il faudra particulièrement faire attention à ne pas créer de pic de nitrates. (nourrissage des poissons en petite quantité, éviter de trop agiter le substrat…). Vous pouvez également ajouter des lentilles d'eau flottantes (*Lemna minor*) à votre bac. Ces plantes à croissance très rapide consomment les nitrites et nitrates. Elle empêche par ailleurs la surexposition à la lumière de l'aquarium.

Ces algues se retrouvent aussi dans les aquariums mal entretenus, veillez donc à vous occuper de votre aquarium régulièrement (changement d'eau, nettoyage de filtre,…)

- Éliminer les algues brunes

Contrairement aux algues vertes, les algues brunes surviennent quand un éclairage n'est pas assez puissant. Ou si celui-ci ne dure pas assez longtemps dans la journée. Augmentez la lumière. Ces algues disparaissent en quelques jours.

- Éliminer les algues rouges.

Ces algues prolifèrent, car il manque du cO_2 dans votre bac. Ajoutez donc du CO_2 liquide, où installez un kit. Vous pouvez les retirer avec une épuisette. Ces algues prolifèrent particulièrement sur les plantes à croissance lente.

- Éliminer les algues vertes

Éliminer les algues vertes, c'est une question d'éclairage. L'éclairage est, dans la plupart des cas, trop excessif.

Trois scénarios sont possibles. En premier, la durée d'éclairage est trop longue, ou irrégulière. Si votre bac est trop éclairé, il provoquera trop de changement pour les plantes, ce qui créera inévitablement des algues vertes.

Ensuite, une autre cause est la puissance de l'éclairage. Même avec un temps d'éclairage adapté, si la puissance de votre lumière est trop importante, alors il se produira les mêmes effets que le premier scénario. Si votre luminaire est trop puissant, diminuez encore la période d'éclairage, ou changez votre lumière.

Dans le dernier scénario, le spectre lumineux ne convient pas à votre aquarium. C'est un cas plus rare, mais possible. Prenez donc de la lumière blanche pour votre aquarium. Et nettoyez votre lumière régulièrement. Ajoutez des plantes flottantes pour apporter de l'ombre sous la ligne d'eau.

Vous savez désormais comment se débarrasser des algues. Avec tous ces conseils, il faudra en plus éviter de mettre votre aquarium à une exposition solaire naturelle, et veillez à garder un éclairage constant.

Pour aider dans le processus de guérison de votre aquarium. Vous pouvez frotter les vitres et les décors avec des matières appropriées. J'utilise personnellement des éponges. Et lorsqu'il faut sortir les grands moyens, j'emploie alors des cartes de fidélité que je racle contre les parois. Une épuisette est aussi utile pour filtrer manuellement les grosses algues en suspension. Les filamenteuses seront retirées avec une pince.

Astuce supplémentaire

Si vous n'avez pas encore d'algues, comment prévenir la propagation de ces organismes peu recommandables ?
Pour prévenir les algues, il suffira de ne pas placer son aquarium à la lumière directe du jour. Un simple bout de carton sur une paroi de l'aquarium suffit amplement. Vous pouvez également dès maintenant diminuer la lumière de votre bac, ou en tout cas, la durée d'éclairage. Vous pouvez par ailleurs réduire un peu le Co^2 si votre bac en contient.
Vous pourrez modérer la nourriture distribuée aux habitants de l'aquarium.

Il ne s'agit pas là de restreindre l'aquarium au minimum. Mais de trouver le bon dosage. Il vous faut un bac en croissance (plantes, poisson, bactérie utile), mais il ne faut pas un bac en "surcroissance" qui développera des algues.

Quoi qu'il en soit, les algues ne sont pas nocives pour les poissons. Elles le sont pour les plantes, à un stade avancé de la prolifération. Les aquariophiles sont souvent en guerre avec les algues, et cela, uniquement pour des raisons esthétiques.
Si vous n'arrivez pas à enlever les algues de vos aquariums, n'hésitez pas à aller faire tester votre eau en animalerie (ou la tester vous-même), et demander conseil à un vendeur.

Votre dernier recours sera alors l'appel à un produit chimique, mais **exclusivement** en dernier recours : cela s'avère parfois nécessaire lorsque l'algue a colonisé tout l'aquarium. Dans ce cas, des traitements spéciaux sont disponibles dans votre animalerie.

Même si vous utilisez ces produits, je vous suggère de respecter les conseils donnés plus haut dans ce texte. Respectez également les doses indiquées sur la boîte médicamenteuse, et agissez avec patience. Dans le domaine aquariophile, il faut souvent attendre, et attendre pour prendre une décision, est souvent quelque chose de positif. Aérez vos traitements dans le temps.

À la fin du traitement, vous pourrez enlever les impuretés dans l'eau avec un filtre à charbon. Ce type de filtrage est nécessaire après chaque traitement chimique de votre aquarium.

Note : si vous voulez enlever les algues sur les parois, pour que celles-ci soient en suspension dans l'air, pour être ensuite aspiré par un filtre, alors il convient d'acheter un aimant à algues qui vous permettront de nettoyer les vitres régulièrement, de l'intérieur, sans vous mouiller les mains (disponible ici).

Peut-on enlever 100% des algues ?
Oui, certains arrivent, avec de la patience, à enlever toutes les algues, mais malheureusement, ce n'est pas le cas de tout le monde. Généralement, après un traitement, la situation s'améliore grandement, et 97% des algues disparaissent. Il est possible d'apercevoir des restes à quelques endroits, mais cela sera bien minime. Vous pouvez également terminer le travail avec des coups d'épuisette.

Pour conclure

L'aquascaping est un univers vaste ou la créativité et la technique sont liées. Afin de réaliser de beaux aquariums d'aquascaping, il vous faudra rigueur et patience. Ce n'est pas que des plantes. C'est un univers qui se doit d'être mis en place, un écosystème qui se forge avec le temps. Pour respecter cet écosystème, il faut respecter les plantes, les habitants, et surveiller beaucoup l'eau du bac.

L'aquascaping est une matière comprise dans l'aquariophilie. Pour arriver à un écosystème complet, L'aquascapeur doit suivre les règles basiques d'aquariophilie. Et appliquer les règles de l'aquascaping en complément.

Les bacs destinés à l'aquascaping sont produits pour inclure des plantes. Mais n'oubliez pas que le rôle principal de l'aquascapeurs est de faire respecter un écosystème. Pour le bien de vos plantes, mais également pour le bien-être des habitants de votre aquarium.

La patience est le maître mot, il faudra du temps à votre aquarium pour construire un écosystème stable, il faut laisser le temps aux plantes pour se développer. Mais il vous faudra aussi du temps pour mettre en place de très beaux décors.

Commencez petit, afin de construire des projets plus ambitieux par la suite

Maintenant que vous avez lu cet ouvrage, il est temps de vous lancer. Vous avez toutes les informations nécessaires au bon déroulement de vos premiers projets. Bien évidemment, il vous manquera quelques ressources spécifiques à quelques espèces, ressource que vous retrouverez vite sur le web. Mais vous possédez présentement la technique et la théorie nécessaire.

Le dernier conseil que je vous délivre est le conseil du partage. Parlez autour de vous, à vos proches, à vos amis. Demandez des conseils pour avoir un point de vue spectateur.

N'hésitez pas à noter cet ouvrage sur amazon.fr